これからの
教養

激変する世界を
生き抜くための
知の11講

菅付雅信

はじめに

Tomorrow Never Knows. 明日のことは誰にもわからない。かつてのビートルズの曲名であり、日本でミリオンセラーとなったミスター・チルドレンの曲名でもあるこの言葉がかつてなく重みを持って響く時代に、いま僕らは生きている。それならば、加速度的に変化するこの世界の行方について、その最前線で凝視している人たちと話をしてみたい。そして、未来において変わることと変わらないことを、確かめたい。

代官山の新名所となった代官山蔦屋書店から連続トークの依頼が来たとき、様々な文化、思想領域で最も賢い人たちと話がしたいと考えた。あるいは話がしたいというよりも、自分が聞き手代表の立場で教えを請うようなことができないかと。「世界はどうなるのか、そして私たちは何を学ばなければいけないのか」を確かめたかったのだ。

一年間で毎月一回12名の第一線の方々と語り合った「菅付雅信連続トーク‥これからのライフ」から11名分をまとめたこの本は、対談集という体裁をとってはいるが、実際は質問集というべき内容になっている。しかし「質問集」という馴染みのない言葉に面食らう人がいるかもしれないので、あえて便宜上、対談集と呼ばせていただきたい。

連続トーク自体は、２０１６年９月に始まり２０１７年９月に終了したが、その前後に世界は大きく様相を変えた。アメリカではドナルド・トランプが大統領になり、イギリスではＥＵ離脱が選択され、世界ではテロがより頻繁に起きるようになった。ＡＩの可能性と脅威がますます語られ、時短や週休３日制がどの企業にとっても避けられない課題となっている。一方で、人生１００年時代を見据えた働き方や生き方が国家レベルで模索されるようにもなってきている。

激しく変貌する消費の行方をテーマに描いた『物欲なき世界』を２０１５年11月に刊行した直後からこの連続トークの企画が始まったが、その執筆時よりも世界の変化のスピードが増していることを肌で感じる日々だった。

しかし、僕は未来を怖がってはいない。何かに恐怖心を持つのは、それがよく見えていなく、見当がつかないときだ。夜道を歩くのが怖いのは、夜道がよく見えないがゆえ。目の前の情報が少ないと、人は前進を恐れる。未来に関する情報や知見を膨大に集め、そしてフロントランナーたちの話に耳を傾けると、これから劇的に変わる物事やそれが意味することと、一方で恐ろしく変わらない人間の本質が見えてくる。

爆発的に増える情報量とそれらを瞬時に検索するネット環境、ビッグデータを駆使するコンピュータの発展にともなって、僕らは「既になんでも知っている」かのようなイメージがあるが、果たしてそうだろうか。逆に、より受動的で、自分の関心領域だけに閉じこもる人が多くなっているのではないか。さらに、世界で何が起きているかよりも、国内の事象や文化にだけ関心を向けている人も多いように思う。そうした精神ならびに知性の不自由さから解き放たれるためにも、異なる分野や言語を学ぶことには意味がある。教養はリベラル・アーツの訳語だが、人が自由（リベラル）であるためには技術と知恵（アーツ）がいる。異なるものを知らないと、人は自由になれない。本書は「これから」をより良く生きるための現在進行形のリベラル・アーツ（教養）の端緒に触れられるものになれればと意図している。

この連続トークを通して、幸運にも僕は未来に対してますます楽観的になることができた。単なるお気楽な楽観主義だと思われるかもしれないが、さにあらず。ここに登場してくれた11名が持っている、未来を創り続ける上で必要な揺るぎない確信の一端に、触れられたように思うからだ。未来は人が創るものであり、それも受け手の立場ではなく、創り手の立場に立ったほうが見えてくる。未来をただ予想するのではなく、構想し実行に移すこと。そうすると、未来がもっと自分事化する。そして未来の当事者として今の世界を捉え直すことができれば、世界に対して悲観している場合ではないことがわかるだろう。

本書の読者に、そのような思いが届くことを願う。

菅付雅信

目次

はじめに 003

1 これからの思想——東浩紀
偶然性と誤作動が人間性を取り戻す 012

2 これからの生命——池上高志
人間も機械も「人工生命化」していく 054

3
これからの健康――石川善樹
人生100年時代には「大きな問い」を携えよ 078

4
これからの建築――伊東豊雄
自然と融和するコミュニティのための建築を 102

5
これからの経済――水野和夫
成長を求めない「動かない」社会へ 144

6
これからのメディア――佐々木紀彦
原点回帰の兆しのなかでメディアと個人が勝つ方法 178

7
これからのデザイン――原研哉
モノのデザインから価値のデザインへ 206

8
これからのプロダクト――深澤直人
カタチではなく、本質をデザインする時代へ 248

9
これからの文学――平野啓一郎
「個人」の限界を超えて文学にできること 278

10
これからのアート――松井みどり
「芸術のための芸術」から生きるためのアートへ 306

11
これからの人類――山極寿一
身体感覚を取り戻し、データから脱出せよ 350
あとがき――人生と脳の〝希少性〟にあらがって 380

1

これからの思想

偶然性と誤作動が人間性を取り戻す

東浩紀

Hiroki AZUMA

作家・思想家。1971年生まれ。株式会社ゲンロン代表取締役。批評誌『ゲンロン』編集長。専門は現代思想、情報社会論、表象文化論。メディア出演多数。主著に『存在論的、郵便的』(1998、サントリー学芸賞受賞)『動物化するポストモダン』(2001)『クォンタム・ファミリーズ』(2009、三島由紀夫賞受賞)『一般意志2.0』(2011)『ゲンロン0　観光客の哲学』(2017、毎日出版文化賞受賞)など。

批評家、佐々木敦氏の『ニッポンの思想』（講談社現代新書）にて「〝東浩紀ひとり勝ち〟などと羨望半分、揶揄半分に言われたりする所以」と評されるほど、東浩紀さんは日本の思想界において傑出した存在だ。『動物化するポストモダン』『一般意志２・０』といった話題の書から、自らが編集長兼発行人として出版する批評誌『ゲンロン』、そして連日連夜、日本を代表する知識人がトークを繰り広げるゲンロンカフェの運営など、言論の質においても行動の量においても、日本で彼に敵う者はいないだろう。

彼の処女作『存在論的、郵便的』の刊行時の取材以来、何度か取材や対談でお会いしている東さんだが、この対談において僕は〝ひとり東浩紀ゼミ〟に臨む学生のような気分で話を伺った。

３時間近い対談で、東さんは際どいジョークも織り交ぜながら「哲学という何の役にも立たないもの」の意義を雄弁に語る。彼の思想家としての覚悟を感じる夜となった。

異質なものの登場

――東さんの最初の本『存在論的、郵便的』（新潮社、1998）を刊行当時に読みましたが、正直最初はよく分からなかったです（笑）。同書の帯には、浅田彰さんの示唆的なコメントが載っていますね。「東浩紀との出会いは新鮮な驚きだった。その驚きとともに私は『構造と力』がとうとう完全に過去のものとなったことを認めたのである」。

東　新潮社の矢野優さんがここだけ切ったので、実はその後にいろいろ長く続いているんですよ。「東浩紀は哲学オタクというよりはオタク哲学をやっていて、その辺りに可能性があるのではないか」と言っています。

――編集の妙ですね。実は浅田さんはそんなに褒めていないと？

東　自分とは随分異質なものが出てきたなと思って、東の将来はよく分からないという微妙な褒め方ですよね。

――オタク哲学とは何を意味しているんですか？

東　なんとなく書いちゃったんだと思うんだけど、今振り返ると、何かを予見していたように見えなくはない。

――以下は『批評空間』第2期第21号「いま批評の場所はどこにあるのか」からの抜粋ですが、これを読むと浅田さんと東さんの考え方が違うことがよく分かります。

東　浅田さんと僕とで意見がただ一つ異なるのは、浅田さんは、良いテクストはどこかにポンとあったら誰か読むだろうって話なんですよね。

浅田　いや、読まないかもしれない。それは仕方がないでしょう。

東　読まなかったら、事後的に見ると単に消えたものですよ。

浅田　消えても仕方がないでしょう。

東　それはある種のニヒリズムであって、書きたい僕としてはそういう立場を取るわけにはいかないですよ。

浅田　僕はニヒリストであると自認するけど、誠実にやろうと思ったら、まじめに書いて、

後は海に流すしかないと思いますね。

東　だから、僕はまじめに書いてますよ。

浅田　だから、それでいいじゃない？

東　僕はそうしているわけです。それで、プラス・アルファのこともやっている。それで誤配可能性が高まるんだったらいいじゃないですか。

（「いま批評の場所はどこにあるのか」より）

モダニストは「分衆」に対応していない

東　いまやっていることをそのまま言っているだけで僕は20年前から何も進歩してないいんだなと思いますね。

僕が思うに、浅田さんや柄谷さんはポストモダニストではないんですよ。彼らはモダニストなんですよね。特に柄谷さんはいまや典型的な岩波朝日知識人です。岩波書店の社長と一緒に、憲法9条は日本の無意識が要求しているから大丈夫だと全面広告に出ている。

彼らは時代の流れの中でポストモダニストの代表だと言われたけれど、実際には70年代後半から起きていた日本の高度消費社会化によるすごく複雑な社会、情報の流通回路が非常に多数

化し、大衆が分解していわゆる「分衆」になっていくという状態に対して対応していない人たちなんですよね。結局浅田さんや柄谷さんの「投壜《とうだん》通信」という思想を裏で支えてきたのは大学や、岩波朝日的なもの、テレビを始めとする近代のマスメディアです。そうしたものが壊れていく環境を彼らは考えていない。

――その後、浅田さんや柄谷さんは運動体「NAM」を始めて、地域通貨を発行しましたけれど、挫折してしまいましたね。

東　柄谷行人の実践した地域通貨LETSですね。資本主義に抗するために「NAM」という地域通貨を使っていたんですね。NAMで労働すると、給料がNAMで支払われるんです。たとえばNAMセンターで8時間働くと、8000NAMとかもらえるんですね。ツイッターがない時代でよかったですよ。ツイッターがあったら、大変なブラック企業だと炎上したんじゃないかな（笑）。その後すぐ「NAM」は崩壊するわけですけど、長い間「NAM」で働いて20万NAMくらい貯まっていた人とかいると思うんですよね。彼らの20万NAMはどうなったんだと（笑）。実際ネットで検索するといろいろ出てくるんですよ。『NAM生成』の印税としてNAM学生にいくらいくらのNAMが払われたわけだが、使途不明になったそれについて

問い質したい」というメールのバックナンバーなどが出てきて、闇が深い。

論壇を一回フラットにならす

――東さんの初期の代表作『動物化するポストモダン』（講談社現代新書、２００１）について伺いたいのですが、これは浅田さんの『構造と力』（勁草書房、１９８３）以降、日本で最も売れた思想書と言っていい本ですよね。

東　そうかもしれないです。『動物化するポストモダン』という本は誤配可能性というコンセプトをどう具体的に実装するかという話なんですよね。

僕は何か状況を変えるためにいつも本を書いています。『動物化するポストモダン』を書いたときに僕が考えていたのは、社会が動物化しているということだけではなく、浅田彰や宮台真司、大塚英志、岡田斗司夫といった人の本をフラットに読むような空間をどう作ればいいのかということです。僕は乱読家だから、90年代には宮台さんの本も大塚さんの本も読んでいたし、『批評空間』も読んでいました。学生の僕からすると90年代の論壇はすごく分解されているように感じた。それを一回フラットにならして、全部一緒に読める状態を作りたいという思いが昔からあって、それが『ゲンロン』という雑誌を作る動機にもなっているんですよ。

やはり、誰か尊敬する人を見つけて、その人に関連する本だけ読んでいるという状態は駄目なんですよね。結局書き手は自分の仲間にしか言及しないし、自分の言いたいことしか言わないから。でも、**本当は書き手も時代に何かしらの影響を受けているわけで、同時にいろいろな人たちのものを読んでいないといけないいんですよ。**だから僕は『動物化するポストモダン』で90年代の論壇を一回フラットにならして、次につなげるためのスプリングボードをどう書くかということを実践した。だから、ポストモダンという用語を使って、オタク的な問題に取り組んでいる。

なぜオタク的な問題かというと、宮台真司と大塚英志の間に非常に重要な対立軸があると考えていたからです。90年代、僕にとって宮台さんは非常に生き生きした思想をやっている人に見えたんですよ。宮台さんは、援交少女やブルセラのような、その上の世代の人にとってはよく分からない若い世代の現実に実際に入りながら論壇にも影響を与えるということをやっていた人だと思っています。だから、『動物化するポストモダン』は外形上はオタク論になっているけれど、宮台さんの制服少女論に対するアンサーというのが念頭にあって、90年代の『批評空間』派が社会学化だ、心理学化だとバカにしていた議論をどうポストモダン論と接続して、日本で通用するポストモダン論をどう作るかというテーマになっている。

思想と社会との関係を回復したい

東　もうひとつ、『動物化するポストモダン』でテーマとしていたのは、制度化していくポストモダン論へのカウンターです。90年代半ばにポストモダン論は急速に大学に吸収されていくわけですよ。それには複数の要因があります。70年代まではフランス現代思想はフランス語を通して受容されていました。フランスの思想はもともと、フランス特有のエッセイ主義を受け継いだジャーナリスティックなスタイルで、あまり学問化していませんでした。

それが70年代になるとデリダやフーコーらのフランス現代思想はアメリカの大学に受け継がれ、90年代にはそっちのほうが強くなっていくわけですよ。そのときに現代思想は英語圏で大学化するんですよね。フランス思想がアメリカで翻訳されると、とにかくいっぱい注がついたアンソロジーを作って、この分野ではこれを引用するという作法が作られる。英語圏の人は、何でも大学化・制度化するのがすごく好きなんですよ。90年代にはそうして制度化された現代思想が英語圏を介して日本でも受容されていく。

僕は**急速に左翼化し大学化していく現代思想のあり方は、思想の生き生きとした力を硬直させる**と思っていて、ニューアカ的な生き生きとした市場、資本と社会の関わり合いを回復させたいと考えていた。それが『動物化するポストモダン』のスタンスにつながるんですよね。つまり、宮台さんが実践していたように若い世代の生き生きとした現実を一回取り込んで、ニューアカ的なものを再活性化できないかと考えて『動物化するポストモダン』を書いたんです。

日本的スノビズムという勘違い

――タイトルにもなっている「動物化」というのは今でも通用する大きなキーワードですね。もともと「動物化」というのはフランスの思想家のアレクサンドル・コジェーヴの言葉です。東さんはこの本の中で「動物化」を印象的な言葉で再定義しています。

人間と動物の差異を独特な方法で定義している。その鍵となるのは、欲望と欲求の差異である。コジェーヴによれば人間は欲望をもつ。対して動物は欲求しかもたない。「欲求」とは、特定の対象をもち、それとの関係で満たされる単純な渇望を意味する。人間が人間であるためには、与えられた環境を否定する行動がなければならない。対して動物は、つねに自然と調和して生きている。したがって、消費者の「ニーズ」をそのまま満たす商品に囲まれ、またメディアが要求するままにモードが変わっていく戦後アメリ力の消費社会は人間的というよりむしろ「動物的」と呼ばれることになる。
（『動物化するポストモダン』より）

コジェーヴは「動物化」という概念とともに「歴史の終わり」や「日本的スノビズム」でも知られていますよね。私見ではコジェーヴが「歴史の終わりに日本的スノビズムがある」と書いたことが、日本の思想家に屈折した優越感を与えたのではないかと思うのですが、東さんはどう思いますか。

東　コジェーヴは現代は歴史の終わりにあたり、歴史の終わりに日本的スノビズムが現れると言っています。この「日本的スノビズム」という概念は有名で、日本のポストモダニストも結構知っていたんですよ。浅田さんに限らず坂本龍一や村上龍も言及しています。坂本龍一と村上龍が『EV.Café─超進化論』（講談社、1985年）という鼎談集を出している。これ、「将来ニューヨークに住んでいるやつは畳に住む」という、奇妙な発言が目立つなかなか良い奇書なんですが。

——実は僕は『EV.Café』の編集を学生時代にバイトで手伝ったんですよ（笑）。

東　あれはいいですよ。『EV.Café』を読むと、当時いかに日本人がイケイケだったかがよくわかる。島耕作感があるんですよね。後に松下やSONYがアメリカの映画会社をどんどん買っていくことになる時代とはいえ、「ニューヨークのインテリはこれからみんな畳だからさ」なんて言っていて、いま読むと「いやいや何言っているんだ」と思う（笑）。

それはともかく、そのコジェーヴの注をよく見てみると、日本的スノビズムの前にアメリカ型動物性の話をしていて、日本人はみんなスノビズムの話を引用しがちだけれど、**アメリカ的動物性の方を時代分析に用いるべきなのではないか**と思ったんですね。

たしかに日本ではスノビズム的でシニカルなカルチャーが強かったかもしれない。ニューアカもそういうものかもしれない。でも、『動物化するポストモダン』が出た2001年は、世界的に見れば『マトリックス』などが出てきた頃で、オタクカルチャーでさえハリウッドに吸収されて単なるエンタメになっていく、これからの世界はどちらかというとアメリカ化していくというのが自明の流れだった。日本の特撮がアメリカの映画に勝てるわけないし、それ以降の作品は全部アメリカ的動物性になるに決まっているから、日本的スノビズムよりもアメリカ的動物性の方が重要だと考えていたんですね。

だから『動物化するポストモダン』も80年代のポストモダニストに対してのカウンターで、

彼らが使っているタームをそのまま使いながらひっくり返す、という文脈がありました。

国家間の争いではなく、グローバルな資本主義にどう対応するか

——日本的スノビズムという言葉を援用して、日本は歴史の最先端を走っていると考えた人が結構いましたよね。

東　そうですね。「歴史の終わり」問題はそもそもフランシス・フクヤマです。でも、フクヤマはコジェーヴの弟子ですし、コジェーヴの孫引きでヘーゲルを使っているだけだから、やはりコジェーヴの『ヘーゲル読解入門』が元ネタですよ。90年代の現代思想界ではとにかくフクヤマはダメだ、歴史の終わりなんて全く無意味という受け止め方だったんですよね。

たしかにフクヤマはダメなんだけど、でも実感に合っているなとも思うんですよ。というのも、確かに90年代に何かが終わった感じがするんですよ。国民国家が覇権を握って、複数の国民国家が世界最終戦争をするかもしれない冷戦が始まって、その冷戦が終わってドカンと資本主義が来た。**そのときにもう国家間の戦いの時代ではないという感覚はあったと思うし、いま**

も続いていると思う。　いま僕たちがいる世界も、アメリカ対中国やアメリカ対ロシアのような最終戦争の時代が来るという世界ではなくて、世界を覆うグローバルな資本主義に対抗するウイルスのような不可視化したテロがあって、それにどう対応するかという世界になっている。国家単位の闘争の弁証法の先に世界国家に向かうという、かつてのヘーゲル的な歴史観では捉えられない時代なのは確かです。

それに対して、『批評空間』をはじめ90年代の柄谷さんたちは「いまこそ国家なんだ」という捉え方なんですよね。いまや国家自体がグローバルな経済関係の中に巻き込まれているから、ネグリ＆ハート的に言えば帝国対マルチチュードという国家観で捉えるべきです。でも、そうした能天気なグローバリストに対して国家というものをちゃんと考えなければいけないという反動があって、『批評空間』はある時期から国家について考えるというスタンスをとる。

彼らはポストモダン的なグローバリズムに対していまこそ国家なんだという感じなので、左翼的でありながら実は保守層にも受けがいいんです。柄谷さんたちは、いわゆるポストモダニストは国家の権力を解体し、フーコー的なマイクロポリティクスが中心となる世界にしたいんだけど、実際は未だに圧倒的に強い暴力装置として国家があるから国家について議論をするのが大切だと言う。

こういう議論は僕みたいな能天気なポストモダニストよりも一見頭が良いように見えるわけ

ですが、しかしそれ自体が罠です。なぜかというと、**いまの国民国家の形は20世紀とは全く違うわけですよ。**そこで反動として「やはり国家が大事だ」というのは知的後退なのではないか。もう少しポストモダン論を前に進めるべきではないか。そう考えて書いたのがこの本です。

政治から撤退する価値を訴えたい

——屈折した日本的スノビズムがかっこいい、クールだという雰囲気があって、日本の思想家はちょっと内に篭もりましたよね。自分たちは歴史の終わりという最先端にいて、それをスノビズムとして享受していいんだという雰囲気ができたような気がしたんですよね。

東　そうだと思います。ただ90年代は、すでにポストモダンの批評家たちはすごく劣勢ですよ。90年代に強くなっていくのは大学化と政治化ですから、実際には90年代真ん中くらいからはポストモダニストと言われていた人たちは全く影響力がなくなり、フランス思想をやっている人たちもどんどん政治的になっていく。その代表格が僕の指導教官だった高橋哲哉氏です。そういうふうに「左翼的なもの」がもう一回復活してくるのが90年代だから、いま菅付さんがおっしゃったような人たちはむしろ論壇の中で劣勢になり消えていった。

２０００年代からあとの日本の論壇は政治の話ばかりですね。いま論壇で強いのは内田樹や佐藤優といった人たちですし、高橋源一郎さんもすっかり民主主義の人になってしまった。かつて『ジョン・レノン対火星人』を書いていた人が、いまや「デモ、いこうぜ」になっている。みんなそうなっていく。

でも僕としては、時代遅れに見えても、いわゆる「政治」から撤退することの価値を訴えていきたい。なぜなら、そこで言われる「政治」はもはや古い政治へのノスタルジアでしかなくて、現実の政治と異なっているからです。

インターネットへの幻想と失望

――そうした時代の潮流の中で、東さんの本も『憲法2・0――情報時代の新憲法草案』（ゲンロン、２０１４）や『一般意志2・0』（講談社、２０１１）をはじめ、政治そのものがテーマになっていますよね。

東　いやいや、僕なんてまだまだです。もっと政策論について語らないと本当の政治の話にならないと思います。

――東さん監修の『開かれる国家』（KADOKAWA、2015）で、いまの思想家やインテリの人の考え方が端的に書かれています。「政治と民主主義は、ストイックで面倒くさく、しかもよくわからないときている。これだけ情報処理の技術が進化したのだから、いっそ『政治の自動機械』に委ねてしまいたい」。これは西田亮介さんの文章ですが、こういう認識はある程度の知識層の人たちが共通して持っているのではないかと僕は思っています。

これもまた西田さんの発言ですが、「政治、市場、社会、そしてインターネットの関係は、密なものになり、切っても切り離せないものになろうとしている。政党と政治家、そして業界団体が投票に行ってほしいのは、自分たちの支持者たちだけなのだ。言い換えれば、有権者一般が賢くなることは望まれていないのである」と書いてある。有権者一般は賢くないということを西田さんは言いたいような気がするんですよね。こういう発言に関してどう思いますか？

東　そのとおりだと思います。戦後の啓蒙の中で、江藤淳や吉本隆明の世代は教育することでちゃんとした大衆が育つということを信じられたのかもしれない。でも、それから下の世代はそうした知識人と大衆の関係を信じることは無理になっている。それでもポストモダニストたちは、「ある意味で馬鹿な消費者でも、結果的にはいいことするかもしれないからそこにワンチャンかけてみようぜ」と考えていた。

でも、それもうまくいかなかった。結局、啓蒙や教育は日本ではうまくいかないし、ヨーロッパ的な市民社会を作ろうと思っても空回りするだけである。そして消費社会もダメ。そもそも知識人の声なんか一般大衆には届かないという現実だけがコロリと転がっているわけです。**その現実に対して「どうするんですか?」と言われても、その現実を忘れないで生きていくことくらいしかできない、というのが誠実な答えなのではないか。**これは、シニカルだとか絶望しているというわけではなくて単なるリアリズムです。

――確かに同書で東さんは「なめらかな社会も創発民主制も残念ながら現実的に実現の可能性は低いと言わざるを得ません」というリアリスティックな発言をしていますね。

東　「創発民主制」というのは伊藤穰一さんの言葉で、ブログなどができたおかげでみんながバンバン話し合いするようになったので草の根民主主義が生まれる、という話ですよね。伊藤穰一さんはその主張でMITメディアラボの所長になったわけだけど、これはやはりフィクションでしょう。

ではどうするか。僕もまだよく分からないですが、**究極的には民主主義の見直しが必要**なんだと思います。みんなで話し合って決める、という原理そのものがどうもうまくいっていない。

あと100年か200年経てば、この時代は、多分そういう風に振り返られる時代になるのではないですか。むろん、SF的に「シンギュラリティ」がやってきて、みんなの脳がつながって人間が人間としての限界を超えることができれば、状況が変わるかもしれないけれど、もしそうならないのであれば、つまり僕たちがいまのような僕たちである限りは、民主主義はうまくワークしないでしょう。のちに安定するシステムがどういうものかはわからないですが、いまを未来から振り返れば、民主主義という壮大な実験をやっていた時代だと言われるんじゃないか。

民主主義をよりアップデートする

――東さんの『一般意志2・0』は、新しい民主主義のやり方を問い直す本ですが、「自分たちに向かない熟議の理想を追い求めるのはやめて、むしろ空気を技術的に可視化し、合意形成の基礎に据えるような新しい民主主義を構想したほうがいい」と言っていますね。

東　まず、この本の出版時といまではちょっと考えが変わっているんですね。この本で言いたかったことを正確に言うと、民主主義をよりアップデートしていこうということなんです。技術を何のために使うのかというと、ポピュリズムの自覚のために使おうと。人々の無意識なんて集めてもろくなことにならないに決まっているんです。ただ、ろくなことにならないことを国民が考えるということを「知っておく」のは非常に重要だから、とにかく可視化だけはしたほうがいいと。ただし、可視化したものに偏ってしまってはダメだと。

結局、「大衆がいま、希望しているのはこれですよ」と可視化してしまうと、僕たちの社会ではそれが正義のように見えてしまうんですよ。その考えかたを変えないとどうしようもない。大衆が考えていることは正義でも正解でもないんですよ。可視化した上でそれといかに距離を取るかということを考えていかなければダメです。**人間は大してろくなことを考えないという前提で、統治機構を回していかなければならない。**

だからそれは、技術によって支援される直接民主主義とはもしかしたら対極にあるかもしれない。ただ、技術によって支援された集合的無意識の可視化はやるべきだと思う。

――東さんが『一般意志2・0』の中で何度も言っているのが「熟議に頼らない」ということです。熟議は難しいと考えているのですか？

東　そもそも1億人で熟議なんてできるわけがない。でも無意識にも頼れないわけです。だとすると、これはあまり言いたくないんだけど、意外と中国のような体制がこれからの社会のモデルになっていくのではないかなと思うんですよ。中国共産党は全然好きではないけれど、あの国の体制は面白いと思う。圧倒的な資本主義と野放図なまでの官僚主義の統合ですよね。大衆の動向はネットで常に監視している。決定するのはいつも党だから10億の民があんまり望んでいないこともやれるし、望んだからといってやるわけでもない。大衆には好き勝手やらしておく、そしてダメだなと思ったらピンポイントで爆撃。国全体の方針はエリートが密室で決めていく。これからはああいうシステムしかないのかもしれない。

――僕も仕事で8回ほど上海に行って、いろいろな人にインタビューしたんですけど、中国のインテリほど実は共産党万歳ですね。

東　やはりそうですか。中国はトップを通せばいろんなことができるんですよね。でも日本は公共の金を使ってアーティストや建築家に面白いことをさせるなんてできないですからね。それは今回の東京オリンピックの問題で明らかになった。ザハ・ハディドに新国立競技場を作らせることもできない。かといって、日本人に面白いことをやらせられるかというとそれもできない。結局無難なゼネコンの案しかない。みんなで決める国だとこういう国にならざるを得ない。それを良しとするか悪いとするかという話ですね。

現代社会に偶然性を導入する

――東さんはネット社会における人間関係を盛んに論じられているわけですが、東さんの『弱いつながり』（幻冬舎、２０１４）では、人生の充実のためには強い絆と弱い絆双方が必要であるのに、私たちのいまの日常生活は強いつながりが多すぎると言っています。特にインターネットの存在が強いつながりを強化していると東さんは語っている。

東　『弱いつながり』では大きな逆説を提示しています。父と娘のような血のつながりこそが最も弱いつながりだということを書いている。

　僕にとって僕の父というのは必然的な存在だから、僕の目線で見れば強いつながりです。でも、視点を逆にすると父親にとって僕はまったく必然的な存在じゃないんですね。いろんな子どもが生まれる可能性がある中でたまたま僕が生まれてきているだけだから、実は偶然なんですよ。親子関係は子どもの視点で見ると必然なんだけど親の視点から見ると偶然という変わった関係なんです。一般的には血のつながりは何よりも強いと思われているけれど、実は家族というのはそういう意味ではあまり必然性がないんです。

反対に趣味の共同体というのは強いつながりです。なぜかと言うと、趣味という共通項で最初から集まっているから、そこに人がくる必然性があるわけですよね。

僕は**この逆転が、これからの思想を考える上でのひとつの新しい出発点になるんじゃないか**と思っています。共同体中心の社会では、僕たちの人間関係はほとんど偶然（＝弱いつながり）によって支配されていた。たまたまこの街に生まれ、たまたま隣に住んでいた人が可愛かったから結婚するという社会では、人間関係には偶然性しかないわけですよね。ところがいまはどうなっているか。婚活サイトには膨大なデータベースがあるから、ビッグデータに基づいて僕の嗜好に基づいた必然的なリストが表示されるわけですよ。インターネットをはじめ資本主義社会は偶然的なつながりをなるべく排除して必然性がある人間関係ばかりをどんどん強化していく装置なんですよね。だから、現代社会では偶然性を導入しなくてはいけないんですよ。

――インターネットは人間関係を効率化させると。

東　世界を覆ってしまった資本主義は、弱いつながりを排除して強いつながりに変えていく装置だから、僕たちは偶然性＝弱いつながりを意図的に回復しなくてはいけないわけです。

人間が人間であることによって起こる問題は、AIでも解決しない

――話題を変えて、AIと21世紀の人間性について東さんの考えを伺いたいのですが、AIの研究者として知られるレイ・カーツワイルが、近未来の人間観についてこのように言っています。

これから数十年先、人間の脳に蓄積された大量の知識と、人間が作り出したテクノロジーが持ついっそう優れた能力と、その進化速度、知識を共有する力とが融合して、シンギュラリティ＝特異点に到達する。特異点に至れば、人類が長年悩まされていた問題が解決され、創造力は格段に高まる。（『ポスト・ヒューマン誕生』〈ＮＨＫ出版、２００７〉より）

彼の著書は一貫してシンギュラリティが来たら全ての問題が解決するだろうという論調です。カーツワイル自身も自分が機械と一体化したいと語っていますし、最終的にテクノロジーと人

類は融合するだろうとも言っています。

このような議論に対して東さんはどのように考えますか？

東　サイボーグになりたいのならなればいいと思います。ただ、そこには、そもそも人間でなくなることを望むかどうかという問題があります。サイボーグになるのは、人類固有の問題をそもそも人間が人間でなくなることによって解決しようという方向ですから、それは解決するだろうと思います。逆に言えば、**人間が人間であることによって起こっている様々な問題は、サイボーグ化するからといって別に解決するわけではない**とも言える。それは問題そのものを消しているだけです。

あと、シンギュラリティが起きるという2045年は、非常に近い未来なので時間的に言っても普通に考えて無理だと思います。

そもそも、シンギュラリティ論のような「技術の進化で人間社会が一変する」「技術によって人類は超人類に変化する」というタイプの議論の起源は、思想史的に言えば19世紀のロシアの神秘思想家のニコライ・フョードロフが発端です。フョードロフはキリスト教終末論に技術論的進歩主義を結びつけた思想を唱えました。彼の思想を端的に言うと、救済は技術で実現できるというものです。

その思想が、テイヤール・ド・シャルダンとかマクルーハンを経て、ハッカーたちの思想に流れ込んでいる。20世紀後半、ニューエイジの頃にグローバル・ブレインという議論が出てきます。その中で、たとえば人口が１００億人を超えると、人類はグローバルな次のステージに行くということが言われたんですね。シンギュラリティ論はその反復です。

テクノロジーの救済はやってこない

東　だから、カーツワイルの言うようなシンギュラリティ論は、哲学史的に言えばフョードロフの子孫です。言ってしまえばありがちな歴史の終末論ですが、アメリカは基本的にキリスト教国家なので、この手の話が好きなんですよ。技術という名のキリストがやってきて、死者たちも復活し永遠の生命を与えられ全て救済されるということです。思想史的には19世紀から繰り返されてきた議論だから、僕自身はあまり興味がない。

ただ、この手の議論にも良い面があって、科学者をすごくエンカレッジするんですよ。フョードロフに影響を受けて成功した人に、ロシアのツィオルコフスキーというロケット学者がいます。ツィオルコフスキーはフォン・ブラウンと並ぶロケットの父と言われている人です。基本的にロシアのロケット技術はツィオルコフスキーが開発している。19世紀末、まだロケットなんて影も形もないときに、ロケットの原理をひとり考えていた。彼がなぜロケットを開発したかというと、その背後にあるのはフョードロフの思想なんですよね。ツィオルコフスキーの仕事の背後には、科学技術によって人類は宇宙に行き、救済がやってくるという宗教的なモチーフがある。

だから、カーツワイルの演説によって種がばらまかれ、それが実際にテクノロジーのブレイクスルーをもたらし、我々に恩恵を与えてくれるとは思います。ただ救済はやってこないとは思う。

動物化した世界の中でいかに人間性を再構築するか

——一方で、東さんはこれからの人間観に関しては以下のように言っています。「動物化した世界の中で動物化した手段を使って、いかに人間らしきものを再構築していくか」(『ゲンロン2』2016年4月1日発行「平成批評の諸問題 1989-2001」より)。

東　動物性／人間性という話は強いつながり／弱いつながりとも関係しています。強いつながりというのは必然性の世界で、必然性の世界というのは動物の世界なんですよ。

僕は『動物化するポストモダン』の中で欲求と欲望を区別して使い分けています。欲求というのは食欲や性欲のような必然の欲望なんですね。でも、人間の欲望には生理的欲求に基づかず、偶然性に基づいたものがあるんですよ。**この偶然性と必然性のバランスが人間らしさを規定しているわけです。**

もちろん我々は必然性から逃れられない。お腹が空いたらご飯を食べなければいけない。でも、そのときに何を食べるかというところで様々な文化が生じるわけです。そこで今日もマック、明日もマックとなってくるとそれは食文化でも何でもなく「餌」でしかない。

同じようにAmazonのリコメンデーションにだけ従っていたらどんどん必然性の世界になっていく。そういえば最近、kindleで無料をキャンペーンやっていたから『こち亀』を読んだんですね。そうしたらAmazonは僕にもう『こち亀』しか勧めなくなってしまった（笑）。そこで『こち亀』を読み続けるのが動物的選択です。

動物の世界は必然性の世界であり、アルゴリズムが支配する世界であり、強いつながりの世界である。それは友達を作りたいなと思ったら自分と趣味の合う人たちを探してオフ会をやる世界です。

だから、**僕たちはもう一度偶然性と必然性の関係について考え直さなければいけない。**先ほども言ったように、そのときに家族の、というか、家族が例になるような「偶然と必然が結びついた」人間関係が大事になる。

たとえば、思春期には、自分の親よりも、同級生の方が話が合うと考えるでしょう。それにいまは自分と同じ趣味を持っている人間をネットで探せる時代です。そうすると、強いつながりを持っている人の方が家族よりも大事になるに決まっているんですよ。ただ、完全に必然性の世界だけにコミュニケーションをシフトしてしまうと、人間関係に余裕がなくなって、何かトラブルが起きてコミュニティから弾かれたときにバッファがなくなる。そこで、偶然与えられてきた家族という人間関係がバッファになる。だから必然性にしか基づかない人間関係だけではダメなんですよ。

では、偶然的なものをいかに確保するか。動物化した世界の中で動物的なものを使っていかに人間らしきものを再構築していくか。それがこれからの世界との向き合い方であり、僕の思想の中心となっていくテーマでもあります。

――東さんはどうやって偶然性を保っていけばいいと考えますか？

東　大事なのは**予想外のことが起きる状態をどう作るか**ということです。たとえば、アニメと実写映画の違いを考えてみるとわかりやすいかもしれない。アニメーションという表現の限界は、作品の中で描かれたものしか実現しないところにある。アニメーションの画面は完全に作り手によってコントロールされているから、アニメーションの画面の中で起きる事故は現実の事故ではない。けれども実写だと、必ずカメラの外にも世界があって、ロケ中に飛行機が落ちてきたらそれがカメラの中に写り込んでしまいます。その点で実写の世界は偶然の世界なんですよね。

ただ、誤解してほしくないんだけど、僕が言いたいのは別に、アニメを見るのをやめて実写を見ようよとかAmazonで本を買うのをやめて本屋さんに行こうとかいう単純な話ではないですよ。僕は現実にはアニメも見てるしAmazonで本を買いまくっています（笑）。ただ、哲学的に解釈すると、こういうことになるということですね。

計算可能な人生は生きられない

――本人にとって良い予想外と悪い予想外があると思うんですが、良い予想外を増やして悪い予想外を減らしていけば良いというものなのですか。

東　予想外の出来事が良かったか悪かったかというのは後付けですから、あまり考えるべきではありません。それはリスク管理とも関係してきます。少子化問題について考えても、リスク管理という視点だと子供は作らない方がいいに決まっている。子供にはなにが起きるかわからない。その可能性をすべて考えてポートフォリオを組むとか、絶対に不可能です。いや、そもそも、リスク管理からしたら結婚すらできないでしょう。リスク管理ばかりしていると少子化問題なんて解決しないですよ。偶然性を排除し計算可能な範囲で人生設計をしていくと、人はそもそも生きられない。

だから、必然性／偶然性というのは抽象的な話ではなく、今僕たちの社会で具体的に問われている問題だと思います。

人間が人間らしいと思っているものの多くは誤作動

――ここで「賢さとは何か」という問題に移りましょう。ＡＩなどが出てくる中で人の賢さとは何か再定義を迫られていると思うんです。イギリスの認識ロボット工学者にマレー・シャナハンという方がいます。彼が機械／人にとっての賢さとは何かというテーマで研究をしていて出した結論が「賢さとは憐れみと慈悲の心」だと言うんですね。彼はＡＩに関しては懐疑的なので、機械は憐れみや慈悲は持てないのではないかと考えているんですよね。

東　これはいま言った計算する／コスト管理するという問題と関係してくると思います。人間のニューラルネットワークが適当だからこそ、憐れみという感情が発生する。人間の脳はいろいろなところでニューロンが発火して、それが統御されて合理的な判断をするという風にはなっていないのでしょう。ある部分の発火が調子良かったから憐れみを抱いてしまうという感じになっているから、無関係な人間でも助けてしまうということが起きる。人間は合理的に計算していないし、合理的な計算の結果起きるのが憐れみではない。

これからの人間性について考えるときには、先述した誤配の問題と同様、誤作動について考えるのが大事だと思うんですよね。**人間が人間らしいと思っているものの多くは誤作動の結果起きている。**だから人間らしい感情は根拠づけたり設計したりするものではない。人間のコミュニケーションには誤作動がすごく多くて、その誤作動こそが我々の自由や生きているという事実を支えている。だから、それをなるべく潰していくというのはまずいと思います。そうした誤作動をどうこれからの社会に組み込んでいくかという話になると思いますね。

――シャナハンも、機械が憐れみを抱くことはかなり難しいと考えているようですね。

東　憐れみが誤作動なのだとして、ロボットに誤作動を組み込むのかということですよね。僕たちは人間が誤作動を起こすからと言って処分しようという発想にはなりません。でも、たとえば人間らしい自動運転車があったとして、運転手と良いコミュニケーションが取れる代わりに話に夢中になりすぎて事故を起こしたり、気を利かして違うところに行くとなったらそれは要らないという発想になりますよね。僕たちは自然が作ったものだから誤作動を許す。でも、商品として売られているロボットが起こす誤作動は許容できない。誤作動を起こすＡＩを作れたとしても、そうした誤作動はＡＩには実装しないと思うんですよね。そう考えると人間らしさとエラー、そして自然という観念は全部セットなわけですよね。

さらに話を広げれば、**憐れみはそもそも間違いや暴力とセット**です。そこに問題がある。優しさの裏返しとして暴力や支配がある。ＤＶのことを考えればわかりやすい。愛しているからこそ暴力を振るうというところに人間の厄介さがある。だから、人を愛することができるロボットなんて作ったら大変じゃないかと思う。愛しているから絶対に許さないとか、ロボットに言われたくないじゃないですか（笑）。人間に言われるだけでも嫌なのに、なんで俺が買ったロボットに言われなければいけないのとなる。だからロボットに憐れみを実装するのは、技術的にではなく、定義的に無理だと思うな。裏返せば、ロボットに憐れみを実装できるようになるときは、僕たちがそのスイッチを切れなくなったときです。

コミュニタリアンになるか、リバタリアンになるか

――では、これからの思想や哲学は何を語るのかという話に移りましょう。東さんは、「コミュニタリアンになって境界を守るか、リバタリアンなビジネスマンになって『なめらかな社会』に身を投じるか。あえて単純化すれば、21世紀の人の生き方は、究極的にはそのどちらかのタイプに分類されるように思います」(『開かれる国家』より)と言っています。

そこで僕が思うのは、これ以外の第三の道はあるのかなということです。

東　第三の道を考えるためには、さっき言った偶然性をどう大切にするかという軸を入れるとよいでしょう。グローバリズムに賛成か反対かでは、偶然性の話はでてこない。グローバルなマーケットに開かれているからといって偶然性の世界に開かれているわけではない。リバタリアンなビジネスマンは世界中のビジネスマンと連絡を取り合っていると言うけれど、結局同じような業界の同じような人としか付き合っていないんだったら、それでは人生は豊かにならない。コミュニタリアンになって自分のムラのなかに閉じこもっていても、ムラの価値観に閉じこもって偶然性には開かれていないからそれも人生の豊かさにはつながらない。

だから**偶然性の感覚をどう確保するか**ということが大事なんだと思うんですよ。いまそれが世界的な問題になっていると思います。経済がグローバル化する一方で排外主義がすごく高まっている。一方では純粋な日本なるものを追求する人たちがいて、他方には世界をずっと移動している極端なグローバル資本家がいる。極端なんですよね。もっといまの社会状況のなかで、偶然性の感覚を高める生き方はないのかと思います。そういう風に問いを立てていくべきではないかと思うわけです。

たいていの人間は自分が人間であることに気づいていない

——いまの発言とも関連しますが、東さんの文章の中には以下のような言葉があります。

偶然と必然の関係。「この一回の人生」と統計の関係。それがぼくの哲学のテーマであり、また本書の基底にある問題意識です。

かりに人間が生物学的には人間ではなくなり、意識が情報になり、記憶が複製可能になり、「わたし」の数が無限に増殖可能になったとしても、そのなかに「このわたし」がいるかぎり、文学や哲学がなくなることはない。人間が人間であるかぎり、人文学はなくなることはない。しかし、それは裏返せば、自分が人間であることに気づかない人間にとっては、人文学はほとんど価値がないということでもある。そして、いつの時代も、たいていの人間は自分が人間であることに気づいていないものである。

（『現代思想』２０１６年１月号「人文学と反復不可能性」より）

こうした発言を読むと、ニヒルでありながら、これからの哲学に希望を見出しているようにも感じます。

東　我ながら良いこと言ったと思いますね（笑）。多くの人はいま、必然性にどんどん身を任せています。一方には、「俺のスペックだったら年収はこれくらいで奥さんはこんな感じ、人生はこんな感じに行くだろう」とファイナンシャル・プランで考える人がいる。彼ら／彼女らは人間的なものに心を閉ざしている人たちですから、そうした人に対して人文学や哲学は全く役に立たない。彼らが求めるのは「できる男のなんとか術」「できるビジネスマンはこれをしない」といった本でしょう。僕としてはその人たちに無理に文学や哲学を読ませる気はない。彼らにとってそうしたものは必要ないんだから。そして僕たち哲学を必要とする人も彼らを必要としていない。お互い必要としてないからいいんじゃないですかという感じなんですよね。

――東さんにはそこに対しても諦めない姿勢がありますか？

東　いやいや、諦めているんです。いまベストセラーになっている本を見ると「できる男は○○する」というタイプの本ばかりですよ。もうバカじゃないかと。こんな本を買っている段階でお前できないよと思うわけです（笑）。

ハウツー本と違って、哲学は答えを与えない

――そんな中で思想や哲学は何をするべきだと東さんは思うわけですか？

東　くだらないハウツー本を買わないような人たちに向けて、もう少し別なものもあるよと提案をしていくことだと思います。ハウツー本と違って哲学は答えを与えません。

たとえば、哲学は「なぜ人を殺してはいけないか」という問いに対して、昔の哲学者はこう考えたという歴史を提示することはできるかもしれないけれど、明確な答えを与えることはできない。それに、一般的な問いでなく、個別の問いを立てた方がいい場合もあるわけでしょう。

「なぜ人を殺してはいけないか」という問いと「なぜこの人を殺してはいけないのか」という問いは全く違う。一般的には人を殺してはいけないけれど、戦争のときのように、あるいは日本社会は死刑を認めているように、個別の事例を考えると人を殺してもいい、少なくともそう広く見なされている場合はあるわけですよね。そこで問題の区分け方を提示し、人を殺していい場合はあるのかと考えるのが哲学の考え方です。そこでシンプルな答えを与えると、それはカルトになってしまいます。

――哲学とは何かということに関して、僕は東さんが言ったこのフレーズが好きです。「哲学は答えを追い求める日常から少しだけ自由にしてくれる」。これだけで哲学には十分大きな意味があるのではないかと思います。でも、東さんは人間性を放棄した人には哲学の意義を教えられないと考えるわけですよね。

東　ただ、いまはネットの時代になって、論壇よりも経営者みたいな人の方が発言力が大きいでしょう。特にエンジニアのような人にとっては経営者＝論壇人という感覚がある。そういう人の多くは僕が言っていることはわからないと思うんですよ。そこに大きい溝があって、そこは変えたいとは思ってますね。「このわたし」という存在が統計には還元されたくないんだとか言っても、それはわかったけど統計的に見たらこうだよねという感じで反論してくる。彼らとは前提としているものが違う。それが難しいなと感じてます。

昔はそうしたタイプの価値観を持っている人の存在が見えなかったんだと思います。人間の存在とは何かといったことを論じる媒体は雑誌だったから、書き手のほとんどは文系の学者でした。だから「このわたし」から考えるのが前提だったと思うんですよ。

でも、**みんながウェブで情報発信する時代になってきて、「このわたし」から考える人は少数派だったんだとわかるようになりました。**世界の多くの人たちはお金や異性や食べ物についてばかり考えています。世界を統計で考える人々にとっては、周りの人たちより偉くなることが賢いことだし、そうやって割り切って考えられない人たちは賢くないと思うわけです。そういう世界で生きている人たちが多数派だから、その人たちに文学や哲学の価値を訴えるのは難しい。

いま、文学部廃止論が盛んに論じられています。それに対して、文学や哲学は役立ちますよと反論するのは悪手だと思うんです。それをやってしまった段階で、向こうのロジックに乗らなければいけない。実際いまの文系学部は訳が分からない再編にどんどん巻き込まれています。これからの大学はそういう運命なのかもしれないけれど、そういう議論に巻き込まれたらどうしようもない。

哲学の本質は謎にある

――いま文系廃止論が叫ばれ、哲学を学ぶことの意義が疑われていますよね。東さんは哲学を学ぶことにどんな意味があるのかと聞かれたらどう答えますか。

東　哲学を学ぶことに意味なんてあるわけない。いま、文系学部廃止論に対する反論にはだいたい二つのパターンがありますよね。ひとつが人文学を学ぶことには意味はありますという議論。そしてどんどん英語で論文を書いていきますという方向に行くと。すると、おいおいそれで大丈夫なのかという反論があるわけですよね。それに対してもうひとつが、人文学にはむしろ意味がないのがいいんだという議論。意味がないものを守るのが国の豊かさだから税金をよこせという開き直り派。でもこれも無理だと思うんですよね。

もうこの二つは無理なんです。だから、僕が提案したいのは原点に返るべきだということ。もともと哲学や思想は、古代ギリシャ時代からあるわけです。ギリシャ時代の哲学者は国から補助金をもらっていないですし、別に役立ってもいない。ギリシャ時代の哲学がどうやって成り立っていたかというと、たまたま知りあった金持ちが寄付してくれるという世界。**哲学というのはまさに偶然性によって成り立っていた。**運が良いと金になる、運がないとそこで終わる。哲学や思想はそういうものでしかない。哲学や思想をやる基盤をしっかりと整えて、制度的に教えるという発想そのものが間違っています。

そもそも思想というのは社会の中にたまたま現れるアブクみたいなものです。このアブクみたいなものの中で、そもそも人間はアブクみたいなものなんだということを言っているのが我々の立場なんだから、**そのアブク性を積極的に受け入れていくべき**です。それが僕の最近の考えです。ゲンロンもそうした思想の下で運営しています。

ということで、アブクであるゲンロンにも、誰かどっかーんとお金をくれないかなと思っていたりする。僕はこれからはそういうスタイルでいこうかなと思っています（笑）。哲学は何ができるのか全然わからない。極めて謎です。そういう意味では宗教の方がわかりやすくて、宗教は教義がわからなくても、とりあえず信者の救済ぐらいはやってくれるらしいじゃないですか。宗教は約束です。でも哲学はその約束もないんです。救済すらしないんですよ。そんなものがなぜ存在するのか、謎でしかない。**むしろ哲学の本質はその謎にある**んだと思いますね。（了）

2016年10月27日収録

2

これからの生命

人間も機械も「人工生命化」していく

池上高志

Takashi IKEGAMI
人工生命研究者。1961年長野県生まれ。1984年東京大学理学部物理学科卒業。1989年同学大学院理学系研究科博士課程修了。理学博士。東京大学大学院総合文化研究科広域科学専攻広域システム科学系教授。複雑系科学の研究者として、アートとサイエンスの領域をつなぐ活動も精力的に行い、音楽家、渋谷慶一郎とのプロジェクト「第三項音楽」や、写真家、新津保建秀とのプロジェクト「MTM」など、その活動は多岐にわたる。著書に『動きが生命をつくる』(青土社)、『生命のサンドウィッチ理論』、石黒浩氏との共著『人間と機械のあいだ』(ともに講談社)、その他共著に『複雑系の進化的シナリオ』(朝倉書店)、『ゲーム―駆け引きの世界(東京大学公開講座)』(東京大学出版会)、共訳書にアンディ・クラーク著『現れる存在』(NTT出版)など。

生命を考えることと、機械を考えること。この一見矛盾するような領域が池上高志さんの挑む領域だ。コンピュータ上で発展する生命らしき運動と、実際の生命は何が違い、何が同じなのか。その先でコンピュータ上の生命と生身の生命が交わるところから何が生まれるのか。スリリングな課題を子供のような好奇心で究めんとする彼の行動は、生命というものが実に複雑なコスモスを持っていることを解き明かしてくれる。「すべての生命は自律している」と彼が説くとき、「自律」という言葉の深遠さと崇高さに心打たれる。

生命の本質は「自律していること」にある

――人工生命を研究する池上さんは、「生命とはなにか」という命題を誰よりも考え続けている方だと思っています。しかし、「生命とはなにか」を知ろうとするときは普通、「生物学者になる」というのがアプローチのひとつになると思うんですね。でも、池上さんは「生身の生物は好きじゃない」（『アーキテクチャとクラウド』原広司氏との対談より）といった発言をしています。なぜ、生物学のアプローチではなく、人工生命のアプローチを選ばれたのですか？

池上　おそらく僕自身がものごとを間接的に見るほうがおもしろいと思っているからでしょうね。

ノーベル賞のメダルは、女神が被っているベールを科学の神が剥いでいる模様になっているんです。でも、それはちょっとはしたない気がしていて。ベールを剥がさないまま本質に触れられるようなことをしたいと思っているんです。本物そのものを触るより、それが映っているものを研究するほうが、本質について語れることが多いんじゃないかと。間接的に関わる思考性が幼いときからありましたね。

僕も大学生時代、「生命とはなにか」といったことは生物学者が答えられると思ったんです。

ところが、そうじゃなかった。生物学者にとっては、生命はモノでした。数学者のジョン・ホートン・コンウェイがつくった「ライフゲーム」や、そこに出てくる「グライダーガン」といったものは後で知ったんですが、そっちの方が生命の基本原則がわかる気がしたんです。

いまでも「DNAこそが生命の本質だ」と生物学科の学生は答えるでしょう。実際、僕が大学生だった1980年代は分子生物学の黎明期で、DNAを研究することこそが生命を研究することだという雰囲気がありました。しかしそのDNAよりも根本的な問題である「生命とはなにか」について質問しても彼らは決して答えてくれない。それで、生物学からではないアプローチを考えたのです。

一方で当時、数学の一分野として確立した『フラクタル幾何学』を発表したブノワ・マンデルブロの講演を聴いたり、研究室の先輩でもある、当時から世界クラスの複雑系研究者だった金子邦彦さんの話を聴いたりしていました。そうしているうち、**「生命の本質は物質に還元されるのではなく、数学の一部なんじゃないか**」ということが頭をよぎったんです。「もうちょっと抽象性の高いレベルで生命を研究するほうが楽しいんじゃないか」と。そう考えて研究を続けた結果到達したのが、人工生命の研究だというわけです。

人工生命とは何かというと、生命が宿っているものに備わっている「自律性」を人工的に生じさせたもののことです。自律性というのは、外部から動機づけされなくても自分で決められ

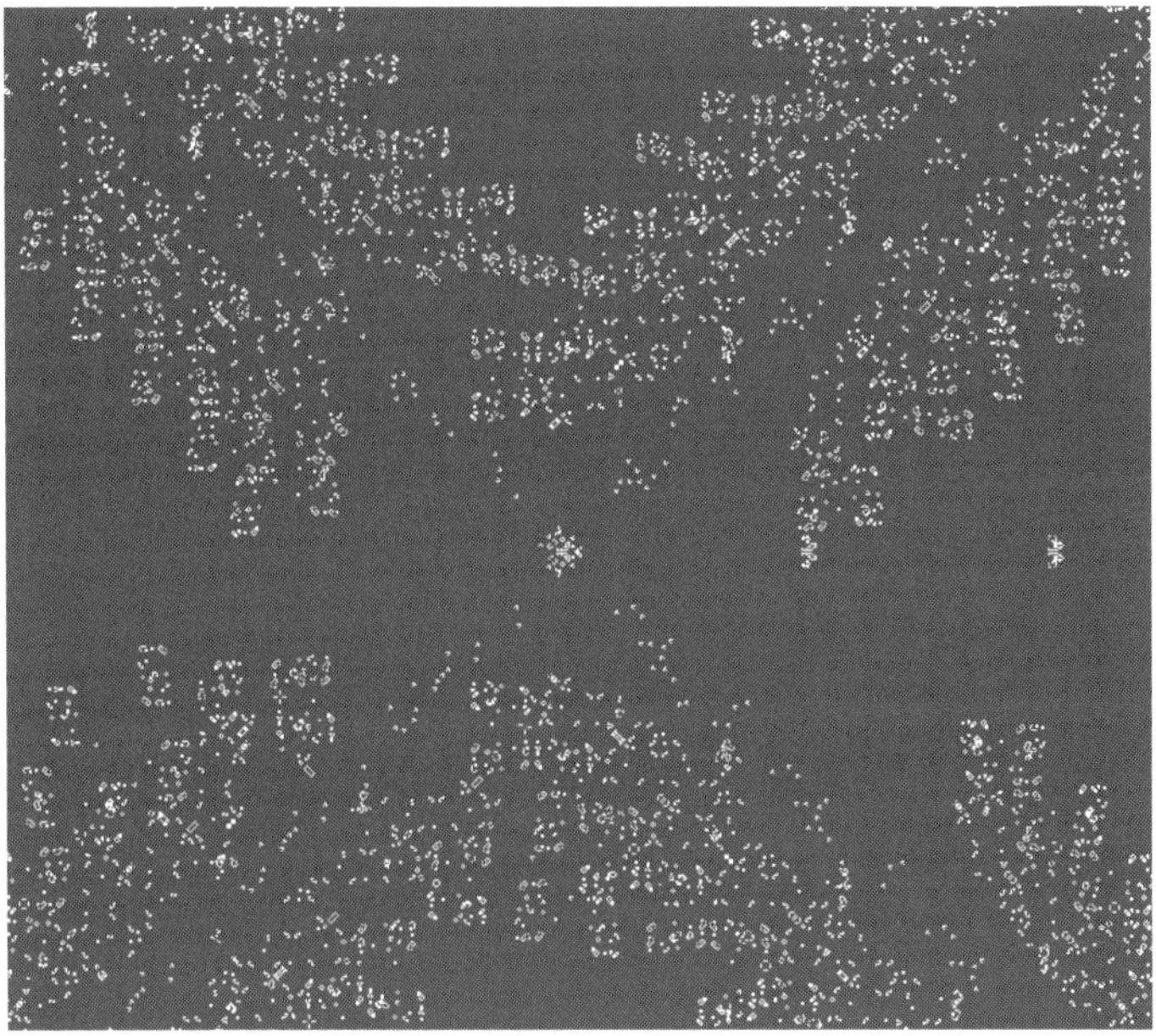

「グライダーガン」。生命の誕生、進化、淘汰などの過程をモデルで再現した「ライフゲーム」におけるひとつのパターン。銃がグライダーを永遠に出しつづける

るということです。たとえば、いま盛んに言われている人工知能は、まだ、外部から「これを実現したい」といった課題を与えられないと動きません。でも一方で生命はというと、自分で動機づけをして動いていくし、それ自体に自覚的であることも多いものです。

「自動化」と「自律化」という言葉があります。自動化のほうは、たとえば人間がビールを冷蔵庫まで行って取ってくる、その代わりをしてくれるようなものです。Ｇｏｏｇｌｅカーや多くのロボットなどで目指されているのは自動化のほうであって、自律化ではありません。一方、さっきの「ライフゲーム」は、自律化の過程がシミュレートされています。グライダーがどのように成長していくかを人間が規定することはできないんです。ある隠されたパターンからグライダーが自然に成長していくようになっています。

生命は自律的に動いているので、自律性について考えないといけない。これが人工生命のアプローチなんです。

生命のデザインに〝意味ありき〟はありえない

――著作の中で池上さんは、人工生命を研究するときは「外側と内側」といったものを重視しているとと書かれています。これはどういうことですか？

池上　外側から見ただけではわからないけれど、内側から見ればわかるようなことがあったりして、そうしたものが研究対象になると思っているんです。

比喩的に言えば、あるコミュニティを外側から見ていたときに「優秀な集団だな」と思っていたけれど、実際そのコミュニティの内側に入ってみると「なんだ、こんなものか」と気づくことがありますよね。

物理学の熱力学でも「外側と内側」の考え方が重視されています。熱の存在を外側から捉えようとするときは、エネルギー保存則と熱力学第2法則に従って計算すればそれで理解できた気になる。でも一方で、内側から見てみると熱のやりとりの実態がわかって、システムがうまく動く理由を別な形で理解できたりします。

そうした**内側から見るところに「生命とはなにか」を考えるヒントが隠れている**んだと思っています。外側から一個一個の分子を見ただけでは、生命体も非生命体も同じ材料でつくられていて区別がつかない。にもかかわらず、なにかの条件が成立すると、それは途端に生命っぽくなる。では、そのときなにが生命をあたえたのかを考えるとき、外側から見てもわからないけれど、内側から見ればわかってくるのではないかと思っているんです。

たとえば、最近やった実験のひとつに「パッシヴに見えるアクティヴ」の発見があります。

「アクティヴとパッシヴ」というのは、自律性をめぐる概念です。自分で動いていればそれは「アクティヴ」といえるけれど、静止している状態は外部的には「パッシヴ」となる。

それで最近、内側から見てみることで「パッシヴに見えるアクティヴ」があることがわかってきたんです。心理実験によって、**自分がなにかをアクティヴに触りにいくのでなく、だれかによってパッシヴに触られて得られた知覚こそが、じつはアクティブに世界に向かう生命の存在を認識するためには重要である**という気がしています。つまり、アクティヴであるかパッシヴであるかは、それが生命であるかどうかを考えたときに本質的に重要となるんです。

だから僕は、外側から構成されている物質を調べているだけでは、たどり着けないものがあると思っています。生命性は物質を探していても見つからないけれど、明らかに生命と非生命には違いがある。それを内側から見ようとすることが大事なんだと考えています。

――さきほど池上さんは、グライダーのように自律的なものは「どのように成長していくかを人間が規定することはできない」と言いましたよね。つまり、予想不可能なことを行うのが生命だということですか？

池上　僕は人工生命の研究と並行してアートもしているけれど、その質問はアートとサイエンスに通じるテーマです。自律化しているものは、たしかに予測することはできません。でも、何度もそれを感じているうちに「意味が見えてくる」ことがあると思っています。

たとえばアートについては、音楽家の渋谷慶一郎さんと2006年に山口のYCAMというミュージアムで発表したコラボレーション作品がそうです。それは、1、2回聴いただけではノイズの塊のようにしか聞こえないものだけれど、何度も聴いているうちに意味が立ち上がってくるんです。

サイエンスで扱っている生命についても同じことが言えると思うんです。多くのものごとにはべつに意味なんてないように思えるけれど、何度もそれに接触して情報を得ていくなかで、意味が見えてくる。

人が生命をつくろうとするとき、通常ものをつくるときのような手順で「生きているようなもの」をデザインしようとして、〝意味ありき〟で始めようとします。だから、予測でき**てし**まうものしかできあがらないんです。そうではなく、**予測できないような条件にしておいて、だんだんと意味が見えてくるようになる、といった手順を考えないと、生命を本当にデザインしたとはいえないんですね。**

別の言葉で言えば、自律的である生命をつくろうとすれば、クオリア原理主義にならなければならないということ。秋の青空の清々しい感じ、とかいったような、感覚のもつ質感のこと

渋谷慶一郎氏とのコラボレーション作品「フィルマシン」。情報の中に見える生命性を感じてもらう。コンピュータで作り出す音の世界を、メロディー、ドローン（単音で変化の無い長い音）に対して、「第三項音楽」と呼んでいる

を「クオリア」といいますが、そうしたクオリア的なものから始めて、結果として形式が生まれたり機能が見えてきたりする、といった手順を考えなければならない。先に「意味のあるものをつくろう」と決めてデザインすると、それ以上のものはつくれないということです。

あるとき、自閉症の子供たちと健常者の子供たちを対象にして、こんな実験がなされました。部屋に大きな箱が置いてあって、一人は箱の中を覗き込んで見ている。もう一人はただこっちを見ている。そこで子供たちに、「どっちの人が箱の中身を知っているか」と聞くんです。

すると健常者の子供たちはみな、「箱の中を見ている人」と答えます。一方、自閉症の子供たちは「自分のほうを見ている人」と答える場合があるんですね。なぜそう思うのかと聞くと、「すでに箱の中がどうなっているか知っているからこっちを見ているんだ」とか、「こっちを見ながら箱の中身のことを考えているんだ」とか、いろんな答えが返ってきます。

こういう子たちこそ真にクリエイティヴだと思います。でも、大人は正解を決めて、正解か不正解かで判断してしまうから、彼らのクリエイティビティに気づかないんですね。

僕のやっている人工生命のデザインも、ロボットのデザインなどと違って、はじめから意味のあるソリューションや正解に当たるようなものをもたせることはないんです。「このことに役立てるんだ」と決めてしまうと、完成形が決まってしまいますからね。よく「君のやっていることはなんの役に立つのか」と言われるけれど、役に立つ・立たないでやっていると人工生命の研究は崩壊してしまうんですよ。

――「意味のなさ」ということで言うと、池上さんは生命について「実際の生命は、『遊び』(＝適応性)を持つために、いかにその最適なところからずれるか、ということに心を砕いているように見える」と書かれています(『10＋1』No.45「都市の危機／都市の再生――アーバニズムは可能か?」より)。この「遊び」ということがいまのお話と関連するように思われますが、これはつまりどのようなことなのですか?

池上　「遊び」について考えるとき、フランスのロジェ・カイヨワという哲学者が1958年に発表した『遊びと人間』という本を思い浮かべます。この著書のなかでカイヨワは、遊びは4つに分類できると述べている。かけっこのような「競争」を意味する「アゴン」、賭けごとのような「運」の要素をもつ「アレア」、まねっ子ゲームのように「模擬」を意味する「ミミクリ」、そしてぐるぐる回るといったような「眩暈」を求める「イリンクス」です。

僕がたしかに遊びだと思っているのは、最後のイリンクスです。そして、そうしたことをできるのは真の「知性」があるからだと考えています。意味のあるモノなんて考えていたら、グルグル回るなんてことは出てきやしない。でも、そういうことに創造性が芽生える。

遊びを創り出せるのが知性ある生命の特徴なのだと考えたうえで、ではどのあたりの生物にまで遊びが存在するのかを調べてみたことがあります。すると、爬虫類のワニやトカゲも遊ぶということがわかりました。もっと言うと、僕はゾウリムシさえも遊んでいると考えています。顕微鏡でゾウリムシをずっと観察していると、あたかもそれが遊んでいるように感じられるんですよ。たとえば、ゾウリムシの教科書にはゾウリムシが好きな温度というものが書かれていますが、顕微鏡でゾウリムシを見ていると、その適温の場所とは逆の方向に進んでいったりもします。ゾウリムシの研究者にその理由を聞いても例外扱いされてしまうだけですが、僕はこれが遊びだと思っている。そして**こうした遊びこそが、生命的発展性の源泉にあるのではないか**と考えています。

不安定ゆえに安定性が生まれる

——「生命とはなにか」について、池上さんは著書で「科学研究としてやるときには、生命に『自己維持・自己複製・自己修復』などの定義を与えます」と述べていて（『人間と機械のあいだ』より）、「自律性」や「意味のなさ」「遊び」とは別の方向から考えることもされているように見えますが、これはどのようなことなのですか？

池上　この定義は、みんなから「生命とはなにか」と聞かれつづけたことで出てきた答えなんです。自己を維持でき、自己を複製でき、自己を修復できるのが生命だというと、一般的に了解してもらいやすいんです。

研究者たちは、これらをロボットで実現させようとしているけれど、なかなか成功しません。たとえば自己維持をさせるため、現状からずれてきたら修正をかけるようなアルゴリズムを働かせるような設計をします。一般には、それを実現するのはとてもむずかしい。さらに困難なのは自己複製です。複製するための材料を揃えなければならないし、コンピュータの中の実験で、人工の化学反応を膜の中にとじこめて自己複製させようとするとゴミが溜まってできなくなってしまいます。このとき、どのようにゴミをリサイクルするか、あるいは捨てるかといったことが大きな問題になったりします。

自己維持ということで言えば、**生命にとって「丈夫であること」は最優先課題のひとつである**とも考えています。もし神が人間の脳をつくるとしたら何をいちばん気にするかを考えてみたとき、賢くなるように神経細胞をつなげることなんかよりも、きっと80年は壊れないようにすることを一生懸命に考えるんだと思うんですね。完成した瞬間に崩壊してしまうような脳ではいかんだろう、と。

——丈夫であることと関連しますが、生物にはいろんな環境変化に対応して、内部の状態を一定に保って生存を維持する「ホメオスタシス」という現象が見られると聞きます。池上さんは「僕はホメオスタシスの背景となるダイナミックな理論を考えた。それをホメオダイナミックとよぼう」と述べていますね。そしてホメオダイナミックとは「システムが自分で運動することでつくり出される安定性」のことだと説明しています。これも、生命の丈夫さを実現するための要素なのですか？

池上　ええ。システムが自分から運動するときは、不安定なダイナミズムが生じます。けれども、**その不安定性があるがゆえに安定性が生まれる**ということがあると考えたいんです。

カオスの研究をしている人はわかると思いますが、散逸系のカオスのシミュレーションをしていると、時間とともにだんだんと不安定な軌道が残されてきます。ところが、その不安定な軌道に巻き込まれたアトラクターとよばれる安定的な集合が生まれるんです。

生命体である人間の脳を考えてみても、カオス的なものから安定したものがつくられるということが当てはまります。脳内の一個一個の神経細胞は、勝手に発火したりして不安定なカオス状態をつくりだしていますが、そんな神経細胞が千億個以上も集まったのが脳であるのだから、脳内はカオスだらけになってしまってもおかしくないですよね。けれどもそうはならず、僕たちは、昨日何を食べたかを覚えていたり、明日何をすべきかを考えたりできている。そこには、**不安定であるがゆえに自意識や記憶構造のようなものが成立する仕組みがあるはずであって、脳を研究するとは、まさにこのことを理解することに尽きる**と思うんです。

薄れゆく人間と機械のあいだ

――池上さんは「人工生命は、コンピュータの中に生命に相当する中間層をつくろうというアプローチである」(『動きが生命をつくる』より)と述べています。「中間層」というのは、個体の層と、原子・分子の層のあいだの、生命の性質がわかる層のことだと理解していますが、では、どのようになれば「生命に相当する中間層」ができたということになるんですか？

池上　僕は〝とっかえ可能性〟が重要だと思っていて、それが成り立つことを証明しようとしています。つまり、いま「目の前に人がある」と思っているけれども、その人が気づかないうちに細胞分子が他のもの（電子部品）にとっかえられたりしていく。けれども、相変わらずこの人は「これは生命だ」と疑わない。そんな状況を実現できれば、〝とっかえ可能性〟の定理は証明できたことになります。それを実現できればうれしいですね。

——生命を成り立たせている要素がべつの要素にとっかえられていくというのは、人間のサイボーグ化について議論されていることから考えても、これからの人間にも起こりうる話だと思います。人間の機能を機械に置き換えていくことについて、池上さんはどう考えますか？

池上　その人が幸せになるのなら、肯定されると思いますよ。たとえば、速く走りたい人が足を切断して義足にするとしますね。僕は、それがよくないことだとは思いません。

結局生身のカラダとは何なのでしょうか。人間と機械の境目はどこにあるのかといった議論になるわけですが、これについては「**チューリングの玉ねぎ**」という議論があります。「コンピュータの祖」と言われている数学者のアラン・チューリングが、"*Computing Machinery and Intelligence*"という著作でこんなことを述べているんです。心の正体を探そうとして、機械的なものとして説明できる働きを取り除いていくと、玉ねぎの皮を次々と剥いていくのと同様に、結局何も残らないことになるのではないか。すると心の正体はどこにあるのかということになるが、それはないんですよ。あるいは、物質的には、全部機械的なものでできていると解釈することができるのだ、と。

いまの技術でいうと、心臓は人工心臓に、肺は人工肺に置き換えることができます。肝臓や腎臓も人工のものに置き換えられていくでしょう。置き換えても、その人は人間ではなくなるということにはなりませんよね。

――すると、ヒューマノイドロボット研究者の石黒浩さんが池上さんとの共著『人間と機械のあいだ』で言っているように「有機体としての肉体がもつ病気や寿命から解放された人間は、技術によって、生命の限界を超えた、無機物への進化を成し遂げる」といったこともありうる、と。

池上　そんなふうに進んできているんだと思いますよ。ただし、もし寿命から解放されて人間が死ななくなれば、文化や倫理といったものは相当に変化するだろうと思っています。アメリカのテレビドラマ『ウォーキング・デッド』は、死なない人たちに囲まれた死ぬ人たちがどう振る舞うかをテーマにした物語ですが、そういったことになるとどうすれば幸せになるんだろうかと考えさせられますね。

――『人間と機械のあいだ』で池上さんは、人間と機械の関係について「相互に影響を与え

合って、人も機械も新たに生命化していくということはあると思う」とも述べていますね。

池上　ええ。人間はスポーツの練習、たとえばスキーの練習をするとき、人は機械になりたがる。何度も機械的に同じ動きを繰り返すことによって上達していきますよね。逆に、これからの機械に人間が求めているものは多分、誤りの多い人間的なものです。**生命は機械を志向して、機械には生命を志向させると考えると、人間も機械も「人工生命化」していく**ものなんだと思います。

――人工生命研究のアプローチのしかたについてもお聞きします。それにはふたつのアプローチがあると。ひとつは、先ほどのお話のように、コンピュータでシミュレーションをして、生命に相当するものを実現しようとするもの。そしてもうひとつ、ロボットのような形あるものを使って、機械では起こり得ないようなランダムな動作をさせるといったアプローチ。このふたつには、共通している点があるんですか？

池上　共通しているのは「実験してみる」ということですね。用意したものがどうなるかわからないから、調べてみようということです。科学にとっては、発見することがなにより重要ですよね。発見するには、とにかくやってみないとわからないし、そういう仕組みがないと遊べません。コンピュータを使えば遊べることはわかっているし、ロボットのようなシステムも、100日間動かさないとわからないことがあれば、それを動かして遊んでみたくなるわけです。

説明のためのロジックを求めているのではなく、実験のためのシステムを求めているんです。

――池上さんは、「僕は、アートやコンピュータを扱う時には、"Artificial life larger than biological life"『実際の生命よりも大きな人工生命』ということを考えます」と述べていますが、人工生命が実際の生命よりも大きくなければならないのはなぜですか？

池上　それは、目の前にある動物や植物の個体だけに生命があるわけではない、ということを伝えたかったんですね。多くの人は、生命とはそこに実在するものに過ぎないのではないかと考えていると思います。しかも、生物学者が生命について研究していることが、生命を理解することと等価であると考えている人も多いかもしれません。でも、その間違った実在論を突破しなければならない。そうした意味を含めて、そんなふうに発言しました。

世界最大の生命、インターネット

——これからの生命はどうなっていくのかについて伺いたいのですが、『人間と機械のあいだ』では、質問者から「あるロボットが、全人類の持っている全ての感覚を集められるとしたら、どんなことが起こるのでしょうか」と聞かれた池上さんは、「僕はそれがインターネットだと思っている」と答えていますよね。これは、どういうことですか？

池上　人工生命の研究をしはじめたころは、コンピュータの実験で生命のモデルを走らせることが楽しみだったんですが、そのモデルの役割は、現実に起きていることを記述することだったんです。一方で僕は、実験をしたかったので、記述ではないモデルを考えたいと思いました。「そのモデルを研究することで、今ある現実ではないが、現実を実際につくっちゃう研究をしたい」と。そういうことを考えているうちに、「人類の文明史上、最も複雑なシステムはインターネットなんじゃないか。もし、インターネット上で生命が現れないのなら、自分のつくっているモデルにも生命は出現しないんじゃないか」と思うようになったんですよ。

インターネットが複雑なのは、いろいろな情報が乱流しているからです。インターネットの情報ネットワークはすごく不安定にもみえますが、それゆえに経路を変えながらも情報伝達の処理能力を保つようなしくみになっているんです。情報が伝わる経路が決まっていないにもかかわらず、安定性が保証されている。その原理を考えることがインターネットの生命性を考える上で大事なんだと思います。

――映画の『マトリックス』のように、インターネットが自律していくような物語もありますよね。この点についてはどう思いますか？　危惧はありませんか？

池上　僕にとってはそれは恐れではなく望みなんですね。自律的になっていったらおもしろいじゃないかと。インターネットが生命化することを見いだしたい。そうなれば、インターネットを研究すれば、生命の起源がわかるということになりますからね。

それに、インターネットが自律することに危惧を抱いていたら、すでに自律している人間たちに対してもっと危惧を抱かなければならないはずです。たとえば、この会場の外に出たら、突然、刃物を持った人が僕のほうに向かってくるかもしれない。人間のほうがよっぽど怖いですよ。

――人工生命の研究はこれからも続いていくと思いますが、最後に、人工生命の研究をする上で池上さんが大切だと思っていることを聞かせていただけますか？

池上　僕は、人工生命の研究では「愛すべきものをつくる」ということが大切だと言っています。

愛せるのは、その相手が自律性をもっているからですよね。たとえば、自分のご機嫌ばかりとったり、自分のしたいことだけを聞いてくれるような彼女がいるとしましょう。でも、そんな彼女を心から愛せるかといったら、そうはならないと思います。

自分にとっては無関係であるようなことも思っているような人のほうが、はるかに魅力的。自分とは関係のない世界ももちながら動いているものを、人は愛するんだと思います。自分とは違うけれど、その相手は相手なりに独自の世界で動いている。それが自律的な生命です。そのことを知ることが「愛すべきものをつくる」につながるんだと思います。（了）

2017年5月11日収録

3

これからの健康

人生100年時代には「大きな問い」を携えよ

石川善樹

Yoshiki ISHIKAWA
予防医学研究者。1981年、広島県生まれ。東京大学医学部健康科学科卒業、ハーバード大学公衆衛生大学院修了後、自治医科大学で博士(医学)取得。「人がより良く生きるとは何か」をテーマとして、企業や大学と学際的研究を行う。専門分野は、予防医学、行動科学、計算創造学など。近著に『仕事はうかつに始めるな』(プレジデント社)、『ノーリバウンド・ダイエット』(法研)、『最後のダイエット』(マガジンハウス)など。

ベストセラーの多くが、ダイエットや健康法だったりする昨今。その健康を予防医学という視点で提言している石川善樹さんの活動は、「正義よりも最善」を説き、健康にまつわる美しい思想だけではない、冷徹な視点も兼ね備えている。ましてや人生100年時代と言われる超長寿化を迎え、単なる長生きは美徳とは言い切れない時代に突入する中で、どういう健康感を持つべきか。

人と人とのつながり、つまり社会関係資本が健康と長寿に大きく関係していることが明らかになった中で、「なにが人類にとっての最大の貢献となるのか」を追求する石川さんの活動に、明日を予見できる人ならではのミッションを感じた。

目の前で苦しんでいる人を「助けない」予防医学という学問

──石川さんは、予防医学という分野を専門にされています。「予防」も「医学」もよく使う言葉ではありながら、では「予防医学」となると、一般の人にはわかるようでわからない。石川さんは予防医学をどう定義していますか？

石川　ひとことで言うと予防医学とは、病気ではない人たちを対象に、その人たちが元気な状態から転落してしまうのを防ぐことを目的とした学問です。病気の人を対象にする臨床医学と対比するとわかりやすいです。

福祉は、困っている人たちに対して施しをするもの。医療は病気を患っている人たちに対して治療します。しかしこれらは、目先の対症療法でしかありません。そうでなく、より根本から病気を予防すべきだという考えから生まれたのが予防医学です。イギリスのエドウィン・チャドウィックが19世紀にその概念をつくりました。

予防医学と臨床医学の対比については、たとえばこんな状況を考えると理解しやすいでしょう。いま、トークをしているこの代官山蔦屋書店にホームレスの人が苦しそうに入ってきて、

「うう、おなかが痛い……」と呻いているとします。そんな人を見かけたら、たいていの人は「店員さんを呼ばなければ……」となるでしょう。けれども、予防医学の見方でいえば、たとえ目の前に苦しんでいる人がいても心を動かされてはいけないんです。

では、予防医学の人は何に対して心を動かすべきかというと、**そもそも目の前にいるような人が生じてしまった原因に対して怒りの炎を燃やすべき**、ということなんです。目の前で苦しんでいる人のことはとりあえず保留にして、貧困、不衛生、病気といったものが蔓延することになった原因に対して面と向き合うのが予防医学なんですね。

さらにいえば、目の前で苦しんでいる人を助けてしまうことがより大きな問題を生んでしまうということは多く知られています。たとえば、エイズという病気があります。いまは優れた薬があるので、きちんと薬で治療をしているかぎり死ぬことはなくなりました。つまり、薬を患者にあたえればその患者は死なないということ。でもこれは、別の見方をすると、感染を広げることにつながるのです。だから、エイズの人に薬をあたえず見捨てることのほうが、本当の予防につながるんじゃないかと考える人も出てきます。実際に、ブラジルでエイズ感染が爆発したときは、国際機関はそのように考えてブラジル政府に勧告を出しています。

そのためか、「予防医学とは、だれを殺すかを決める学問だ」なんて言っている人もいるくらいです。

——21世紀を迎えた現在、医学の主流が治療から予防へと変化しようとしているといいます。何が背景にあるのですか？

石川　福祉国家という考え方が破綻したという背景が大きいです。たとえば日本でも、田中角栄が首相だったときに福祉国家を本格的に目指したことがありました。ところが、これが財政的にもたないことが明らかになって計画は頓挫しました。福祉国家を目指すのなら消費税率を80％にしたり、給与のほとんどを所得税として徴収したりしなければならない。結局、そういう選択を国民はしなかったわけです。

福祉を選ばないとすれば、もう予防しかありません。**予防医学は、限られた予算のなかで、だれを救い、だれを殺すのかの決断をするわけです。**

アメリカでは、政府が「ヘルシー・ピープル」という政策を1979年から始めました。国レベルで人びとの健康状態をよくするためには医療制度を改良するべき、という考え方がありました。ところがあるとき、**医療制度をどれだけよくしても国民の健康状態はあまりよくならない**ということが初めて科学的に証明されたんです。これを機にアメリカの政策は、治療から予防へと大転換します。これは「予防医学の革命」とも評価されるものです。

いっぽう日本では、治療から予防へという政策の転換が本格的に起きたのが２０００年のことでした。

「最新」でも「正義」でもなく「最善」を目指す

――予防医学の考え方として、「人は弱い」ということを前提にしなければならないと聞きます。これはどういうことですか？

石川　人は弱いんです。人のもっている意志の力は大したことないんですね。たとえば、人の意志が強ければ、「健康のために食事制限をしてください」と言われたら、おそらく間違いなく実行することでしょう。でも、人類の歴史のなかでそのようなことが起きたことはない。「やめろ」と言われてもやめられないのは、意志が弱いからです。

なので、意志の力には頼らず、人は弱いという前提で制度設計や環境設計をすべきであるというのが、予防医学で大切にされている考え方です。ある意味、人に対して諦めているというか。

――予防医学の根底に流れているものとして、石川さんは「最善へと向かう意志」という表現もしていますね。これはどういったことから出てきた考え方なのですか？

石川　予防医学だけに限らず、臨床医学にも言えることですが、**医療従事者には「最善を目指す」という基本的な考え方があります。**

このとき、「善」の比較対象となる概念があります。たとえば「新」。普通に生活をしていれば、「最新」のものは優れたものにちがいないと考えると思います。たとえば家電製品は、常に技術の改良を加えるから、最新のものが最も優れたものとなります。しかし医学では、「最新」よりも「最善」を優先すべきだと考えられている。最新のものは危ないので、選択すべきでないということです。たとえば承認されたばかりの薬などは、まだ副作用のリスクもわからず、危なくて選びづらい。だから、「最新」の薬でなく、すでに使っても副作用が生じないとわかっている「最善」の薬を選ぶ。より硬い表現を使えば、最善の方法とはエビデンスで証明された方法のことです。

――もうひとつ、石川さんは「最善」の比較対象として「正義」という表現もあると言っていますね。ここでの「最善」と「正義」の違いはなんですか？

石川　これはアメリカの例ですが、州政府が、透析治療に使っていた医療費を子どもたちのワクチン接種に使うように切り替えたことがあります。けれども、切り替えた直後、若くてきれいな女性患者が透析治療を受けられなくなり、命の危険に晒されました。これをメディアが取り上げて、担当医が「ひどい話だ」とコメントしたのが、テレビや新聞で報じられ、多くの人びとが「目の前にある命を見殺しにするなんて、州政府はひどい」と共感したのです。

けれども、州政府の言い分はこのようなものでした。「見えるところで一人の命が奪われようとしているが、見えないところでは何千何万人の子どもがワクチンを接種できずに苦しんでいる。そっちのほうに目を向けてほしい」と。

「正義」という観点では、「命は大事だから、透析治療を受けている女性も、ワクチン接種できずに苦しんでいる子どもも救うべきだ」ということになります。けれども、**現実の世界では、「正義」を実践するためのリソースが足りない。**両方を選べないなら、透析治療とワクチン接種、どちらのほうがよいかという話になります。つまり、「最善」を目指すということになるわけです。

「パラドックス」が予防の概念を覆した

――「最善を目指す」という点で、予防医学が進歩した瞬間のようなものはあるのですか？たとえば、研究者が新たに気づいたことで、大きく予防医学のアプローチが改められたといったような。

石川　ええ。「予防医学のパラドックス」というものがあります。これは、予防医学の研究者全員が「予防するとはこういうことだったんだ」と目を見開かされたような気づきです。この予防医学のパラドックスを一言で表すと、**「病気になる人は、正常な人からいちばん多く発生する」**ということになります。

たとえば、「予防とはなにか」を考える上では、「ハイリスクな人たち」の状況をいかに改善するかということが前提になっていました。つまり、健康な人たちと病気のリスクの高い人たちを分けた上で、後者に対していかに生活習慣を改善してもらったり、薬を飲んでもらったりするかをずっと考えてきたわけです。みなさんにも当てはまると思いますが、健康診断を受けると、正常だった結果についてはなにも言われず、異常と出た結果に対してはいろいろと言われて、改善が求められるというのが当然になっています。

つまり、健康な人たちは放置しておいてよいのであって、ハイリスクな人たちには介入しなければならないという前提のもと、予防医学はずっと続いてきたわけです。

ところが、ハイリスクな人たちを相手にしていればいいという前提条件が20世紀後半、見事なまでに崩れたことがあります。これが後に「予防医学のパラドックス」とよばれるようになる、研究者の気づきでした。

たとえば、脳の血管が詰まったり、破れて出血したりする症状を脳卒中といいますが、高血圧であることが脳卒中の大きなリスク要因と考えられています。けれども、血圧が正常値である人も、脳卒中になるリスクがゼロではないんです。そして、**重要なことに、人数で見ると、高血圧の人より正常血圧の人のほうが発症者は圧倒的に多い。**だから、脳卒中を起こす人の数というのは、高血圧と診断されている人たちよりも、正常血圧と診断されている人たちの群からのほうが多いということになります。

これはつまり、健康診断を受けて「正常です」と診断された人たちの群から、脳卒中患者が最も多く出るということです。言い換えれば、**「母数×リスク」という計算で患者数が決まる**ということを研究者が発見したのです。小学生でもわかるようなことを、それまでどうして発見できなかったんだと思われるかもしれませんが。

予防医学は、それまで「ハイリスクの人たち」に目を向けて対策を立ててきました。これを「ハイリスク戦略」といいます。でも、この「予防医学のパラドックス」が提起されてからは、

「多い数の人たち」に目を向けて対策を立てるように変わりました。これを「ポピュレーション戦略」といいます。ハイリスク戦略からポピュレーション戦略に変わって、景色が本当に変わりました。「予防医学のパラドックス」により導かれた考え方は、予防医学で最も大事な概念であるといえます。

私たちには、無意識のうちに、考えの「前提」を築いてしまっていることがあります。けれども、その前提を外さないと本当の景色が見えてこないこともあるわけですね。

人と人のつながりが、日本人の長寿の鍵

――あらためて、われわれ日本人の健康や長寿をめぐる状況を見てみましょう。厚生労働省が２０１６年７月に発表した「簡易生命表」によると、平均寿命は女性が87・05歳、男性が80・79歳となっています。終戦直後の１９４７年には、女性が53・96歳、男性が50・06歳だったといいますから、男女とも30歳以上、延びています。

予防医学の観点から、日本人の長寿の要因についてわかってきたことはありますか？

石川　日本人の生活習慣をあらためて見つめなおすと、喫煙率も飲酒率も高いんです。さらに

睡眠時間は、世界で最も短いグループに入っている。運動も不足気味だし、野菜や果物の摂取率も高くない。つまり、**日本人は健康にプラスになるようなことをほぼしていない**のです。ところが、日本は長寿という点でトップレベルの国となっている。「これはいったいどういうことなんだ」となりますよね。

たばこを吸わない、大酒を飲まない、睡眠時間を十分にとる、バランスよく食べる、といった健康によいことをすれば、長生きできる。逆に、これらを怠ると長生きできない。そういった理論があります。でも、現象として現れている日本人の平均寿命は、この理論には当てはまらない。ということは、なにか別の要因が、日本人の健康長寿に効いているということになります。

それについて研究したのが、ハーバード大学公衆衛生大学院のイチロー・カワチという先生です。カワチ先生は、**日本に存在する「社会関係資本」あるいは「ソーシャル・キャピタル」とよばれる要素が、長寿と健康に大きく関係している**ことがわかったと発表しました。つまり、日本人の、相手を信頼したり、お互いさまと考えたりできる度合の高さが、健康に影響をあたえるということをカワチ先生は発見したのです。これは、21世紀における予防医学の大発見です。

出典：「週刊現代」2012年9月15日号

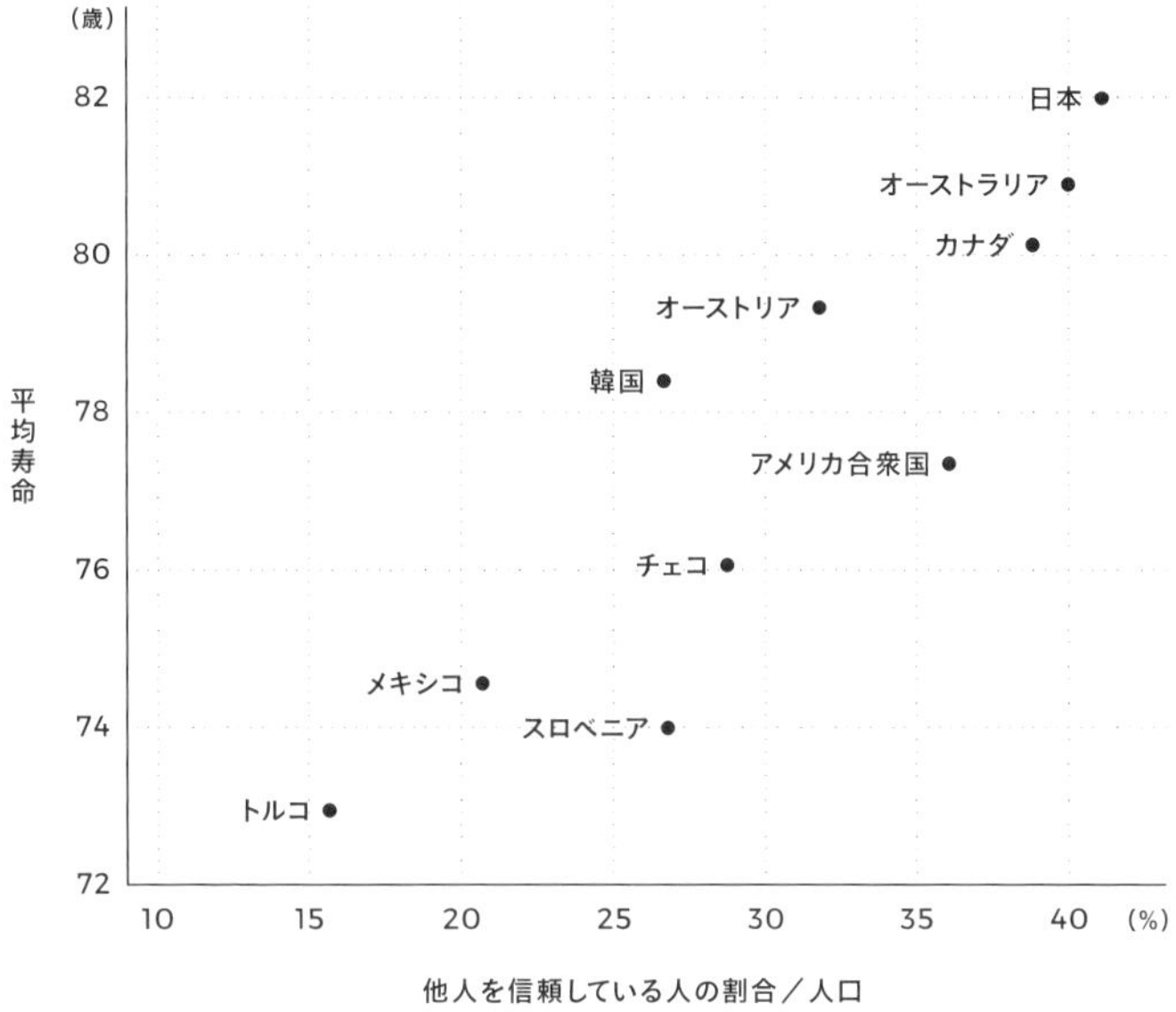

図　平均寿命とソーシャル・キャピタルの関係

平均寿命（縦軸）と社会関係資本の度合（横軸）の関係性を示すグラフ。イチロー・カワチ教授らの研究チームがOECD（経済協力開発機構）諸国で行った調査をもとに作成したもの。

平均寿命を縦軸に、他人を信頼している人の割合を横軸にとって国ごとにプロットしたグラフ（前ページ図）を見ると、信頼している人の割合の低いトルコやメキシコなどでは平均寿命が短く、信頼している人の割合の高いカナダ、オーストラリア、そして日本などでは平均寿命が高い。相関関係が見られます。

このグラフを見て、僕はただただ反省するしかありませんでした。見たいものしか見てこなかったんだ、と。人には自分が見たいものだけを見る癖がある。その先入観を外すことが研究者には求められているのに。たばこが体に悪いとか、高血圧が悪いとか、そのように見方を定めてしまうと、そこばかりを見てしまう。社会関係資本という、僕たちが見落としていたものがカワチ先生の研究によって浮かび上がってきたわけです。見ようとしないところに真実が眠っているということを、この出来事からあらためて学びましたね。

――社会関係資本という点ではもうひとつ、人の行動は人びとの間で伝染するもので、さらに肥満も伝染するという研究結果を、ハーバード大学のニコラス・クリスタキスが出したと聞きます。肥満は伝染するんですか？

石川　友だちが太ったら自分も太るということを、クリスタキスは論文で発表しました。やはりこれも、人は弱いということの表れだと思います。先日、細身の知人の女性と会って話をしたとき、「もっとやせなくちゃ」なんて言っていたので理由を聞くと、「周りの女の子のほうがもっと細いから」と言うのです。「そういう環境にいることが、彼女たちをやせる方向に進ませるんだな」などと思いながら、クリスタキスの研究を思い出していました。人と人の関係のなかでは、肥満も幸福も、悪いことも、よいことも、いろいろと感染するということなのです。

人生100年時代、価値観も変わりゆくもの

――2017年に、イギリスのインペリアル・カレッジ・ロンドンと世界保健機関（WHO）が「先進35か国における未来の寿命：ベイジアン・モデルによる推計」という発表をしました。日本の女性が、2030年の時点で韓国やフランスに抜かれて、3位に落ちてしまうと伝えられています。この予測を石川さんはどう捉えていますか？

石川　研究者のあいだで驚きだったのは、ナンバーワンには韓国がなるということです。

寿命や人口推移などはかなり予測しやすいものです。しかも、すぐ先の2030年の時点での予測です。韓国の女性については、平均寿命が90歳を超えると予想されています。

なぜ、韓国の平均寿命が1位となるのか。メディアはまた「キムチがどうのこうの」と騒ぐのでしょうが、おそらく年金制度がうまく機能していないことが要因としてあるのだと思っています。つまり、年金制度がうまくいっていないため、韓国の人たちは何歳になってもせっせと働かなければいけない。**「働く」というのは、やはり人に大きな生きがいをあたえるもの**なんです。国民はもちろん不満を言っていますが。

――日本に目を向けてみると、カリフォルニア大学バークレー校とマックス・プランク研究所の研究では、2007年生まれの日本人の半数は107歳まで生きると推計されています。これは相当に長寿ですよね。

石川　そう思う人もいるでしょうし、やりたいことがたくさんある人は、107歳どころか、200歳でも300歳でも生きたいと思っているでしょう。

僕の世代では、平均寿命は90歳ぐらいだろうと思っています。100歳まで生きる確率は、まあ1割ぐらいかなと思います。

――ロンドン・ビジネススクール教授で経済学者のリンダ・グラットンとアンドリュー・ス

コットが書いた『ライフ・シフト』(池村千秋訳、東洋経済新報社、2016)が、100年生きることを前提にした働き方についての本ということで話題になっています。僕はグラットンには、ロンドンまで訪ねてインタビューしたこともありますが、激しく仕事で戦って、どんどん転職もして、100歳近くまで働くという、いわばエリートがよりエリートになるための生き方を考えている気がしました。しかし一方で、石川さんが今日の冒頭で話していた「人間の弱さ」などを考えて未来の社会を築いていくという方法の方が、健全で普遍性がある気もします。

人生100年時代を前にして、私たちは何を考えておくべきですか?

石川　たとえば、人のもつ価値観といったものも、過去からの延長線上で考えるのでなく、いまの子どもたちには、もっと抜本的に「100年の人生を生きるとしたら」ということを頭に入れてほしいと思うんです。

僕の息子は2015年生まれで、おそらく普通に生活すれば100歳や107歳までは生きるだろうと思います。社会では当然、人工知能も発達していく。そうしたなかでどう育っていくとよいかについては、すごく悩むところです。

たとえば先日、息子が祖母から恐竜の絵柄のついた傘をもらったのですが、そのとき妻は息子に対して「ありがとうは？」と言いました。すると息子はたどたどしく「あーと」と言い、「よかったわねぇ」と盛りあがったんですが、そのとき僕は「人に価値観を植えつける」ということについて思いをめぐらせていたんです。そのときの状況を構造として眺めたとき、「モノをもっている人間が偉い」、さらに敷衍すれば「人はモノを手に入れようという物欲をもつべきだ」という価値観を植えつけていることになるのではないかと。

でも、一方で、私たちは神社にモノを寄進するようなときには、こちらから「ありがとう」と言いますよね。神社に対して「ありがとうは？」とお礼を催促するようなことはしない。この場合は「神社のほうが偉い」という価値観があるからです。

でも、**これからはモノをもっていることに価値を置く時代ではなくなっていく。**モノを超えて、価値のある・なしの順序がある世界を生きていくことになる。だから、モノをあげる側の人が「ありがとう」と寄進の気持ちになったり、モノをもらう側の人が「ありがとうは？」と催促するようなことも、起きてくるのかもしれない。

これから100年生きるわけですから、**「これまではこうだった」という前提条件を外して考えなければならない**と思いますね。

「大きな問い」をもつことが、長くなる人生を楽しくさせる

——石川さんが執筆中という『〈思想〉としての予防医学（仮）』の原稿を読ませていただいたら、偶然にも僕の『物欲なき世界』と同じく、ジョン・メイナード・ケインズが１９３０年に発表した「孫たちの経済的可能性」というエッセイが引用されていて驚きました。ケインズはまさに１００年後を生きる孫たちに向けて書いていて、「大きな戦争や人口の極度の増加がないとすれば、経済問題は百年以内に解決するか、少なくとも解決が視野に入ってくる、というものだ。これはつまり、経済問題は（将来を見通せば）人類の永遠の問題ではないということだ」と述べている。いまを生きる僕たちにも、とても示唆的なエッセイだと思いますね。

石川　そうですね。それに、ノーベル経済学賞を獲って「20世紀の知の巨人」とも言われていたハーバート・サイモンも、いまでいう人工知能のようなものが極度に発達して機械が労働するようになったとき、人間はなにをすべきかということを書いています。サイモンも、経済問題に人間が携わらなくてもよくなる世界について言及しています。

——ドイツでは、国家的に週休３日制を行おうとしているし、アマゾンやヤフーや佐川急便なども同様の試みを始めている。大企業でも、17時には帰ってくださいと社員に呼びかけてい

るところもある。少しずつ、ケインズやサイモンの言っている世界が現実になってきている気がします。

するとこの余った時間をどうするのかという課題が出てくる。長寿化も進んでいくし、人間はなんのために生きていくのかということを、もっと本質的に捉える必要性が生じている気がします。石川さんはこれをどう考えますか？

石川　大きな問いやテーマを見つけて、それを抱きながら生き続けていくというのは、ひとつの生き方としてありだという気がしています。

僕の高校時代のラクロス部の先輩に、ビールを人生の大きなテーマとして生きている人がいます。広告代理店に勤務していて、ビール担当ではないけれど、ビール業界のいろいろな人と会って、「美味しいビールとはなにか」を問いつづけながら、人生を送っている。

そうした大きな問いを抱いていれば、それに付随するいろいろな小さい問いも見つかってくるものです。なにをしていても、大きな問いが掛け算の係数のようになるわけです。僕の先輩の例でいえば「ビール×食器」とか「ビール×旅行」とかいった具合です。

一方で、大きな問いやテーマをもっていない人は掛け算にはならず、ただ新しいことが加わっていくだけの足し算になってしまう。やはり、おもしろいのは掛け算の人生のほうだと思うんですよね。**大きな問いを見つけることができれば、その問いは基本的に完全に解けるということはないので、楽しい人生になる。**そう考えています。

——石川さん自身は、どんな大きな問いをもって生きているのですか？　予防医学で人びとや社会を健康にする、といったことになるのですか？

石川　社会を健康にするというのは、僕のなかではミッション、つまり使命のようなものだと捉えていて、大きな問いではないんです。

僕には「何が人類にとっての最大の貢献となるのか」という大きな問いがあります。そしてそれに対する現時点での結論は、「学問を創る」ということだと思っています。人類の歴史を見ると、最初に学問が生まれて、そこから新しい産業が生まれて、そしてその後に文化が花開いている。東京の代官山というこの地をとっても、いまは蔦屋書店もあって、文化の薫るところになっていますが、そうなるためにはそもそも欧米の学問に基づく様々な産業が東京で花開くことが必要だったのです。

「学問、産業、文化」というサイクルをどれだけ回せるか。それを考えて実現していくことこそが、人類にとっての最大の貢献になると僕は考えています。

予防医学も、20世紀に創られた新しい学問ですが、この学問からはフィットネス産業が生まれるなどしています。さらにそこから文化が生まれていけば、健康というものは自然と付いていくだろうと思っています。そんなふうに、新しい学問を創るということが、僕の抱えている大きなテーマであり、ずっと取り組んでいきたいと思っていることです。（了）

2017年7月11日収録

3 これからの健康——石川善樹

4

これからの建築

自然と融和する
コミュニティのための建築を

伊東豊雄

Toyo ITO
建築家。1941年生まれ。主な作品に「せんだいメディアテーク」、「みんなの森　ぎふメディアコスモス」「台中国家歌劇院」（台湾）など。ヴェネチア・ビエンナーレ金獅子賞、王立英国建築家協会（RIBA）ロイヤルゴールドメダル、プリツカー建築賞など受賞。2010年に私塾「伊東建築塾」を設立。児童対象の建築スクールや、地方の島のまちづくりなど、これからのまちや建築を考える建築教育の場として様々な活動を行っている。

伊東豊雄さんが手がけた、せんだいメディアテークを訪れたときの建築的感動は忘れられない。いわゆる壁や柱がほとんどなく、全体がチューブとガラスの壁によって作られた、開かれて透明な巨大空間は、作家的建築家が誇示する威圧的な作品主義的建築物とは大きく異なる、新しい広場のような空間だ。

建築のあり方を、構造的にも、そして社会との関係としても問い直す試みを続ける伊東さんの活動は、東日本大震災以降、より積極的に「建築は世の中に何をなしえるのか」を提示し続けている。大型の海外プロジェクトが続く中で、並行して進められる東北や熊本の被災地、そして大三島で展開されるコミュニティ活動に一貫する彼の思想に、日本のクリエイションの大きな可能性が秘められている。

なぜ建築家になったか？

――伊東さんは東京大学に入られて、そのときは別に建築家になる気はなかったと聞いているんですが、当時は何に興味があったのですか？

伊東　成り行きというか、特に目的もなかったんですよね。高校のときに野球をやっていまして、東大だったらレギュラーに入って神宮球場に出られるだろう、と思って東大を受験しました。他の5大学の野球部は絶対無理だというのが分かっていたので、最初の年に一番野球をしやすいと聞いていた文Ⅰ（文科一類）を受けたんです。ところが受けたら見事に落ちまして。それで野球は諦めたんですが、野球をしないのに文Ⅰに行ってもしょうがないなと思って、浪人の夏に急遽、理系に変えました。幸い翌年、理Ⅰに合格できたのです。

でも、そのときはまだ建築家になろうとは考えていなくて。それに駒場でもあまり勉強しなかったものですから、1年半経って志望学科を選ぶときに、行ける学科が限られていたんですね。残された学科の中で、建築が一番いいかなくらいのチョイスでした。

――伊東さんは、昔それほど東大の建築学科は人気がなかった、と書かれているんですけど、

そうなんですか？

伊東　そうですね。当時、「（建築学科は）工学部の落ちこぼれ」と言われていましたから。

――そして在学中に建築家の菊竹清訓さんの所でアルバイトを始められた。

伊東　ええ。4年生の夏に1カ月間、オープンデスクで行かせていただいて、初めて建築に目覚めましたね。デザインするときにこれほど集中するんだっていうことに、驚きましたね。面白いという以上に、圧倒された。もう、全身全霊でものを決断するんだっていうことに感動しました。それまでぼやっとしていたのが一気に、という感じでしたね。卒業後はそのまま菊竹建築事務所に入れてもらったんです。オープンデスクの最後の日に、「来年から来させてください」と言って、その場でＯＫをもらったのです。

――建築以外の選択肢は考えていなかったんですか？

伊東　理Ｉに変えてからは、自分の性格からいうと将来はエンジニアかなと思っていたので、電気通信学科に行くのかなというようなことを漠然と考えていましたが、それは駒場での僕の成績では無理でした。

――性格的にエンジニアに向いていると思ったのはなぜですか?

伊東　小さい頃から割とおとなしい子で、人がやっていることをじっと静かに見ているようなところがあったんですね。だから、いま、こんなにしゃべらなくてはならないのは因果なことだと思っているんです(笑)。

――伊東さんの建築を見て、エンジニアに向いているというのは、すごく腑に落ちるんです。いまにも通じる工学的な発想といいますか、構造計算的なところは、伊東さんの志向の中にずっとあったんですか。

伊東　そう言えますかね。4年生になったときに卒論を書く研究室の志望を出すのです。そのとき、なんと構造系の志望を出したんです。当時、丹下健三さんが東京オリンピックのために代々木の体育館を設計していて、その構造を担当していたのが坪井善勝さんという東大の先生で、その研究室に行ってデザインと構造とが両方成り立つようなことができないかな、と考えていました。一応、届けは出したんですが、やっぱり、俺の頭では無理だと思って諦めた。それで、計画系に変えました。いい加減な学生でしたね。

――でも、ずっと構造計算的なものに興味があるんですね。

伊東　構造のことはそんなに詳しくはないのですが、ずっと優れた構造のエンジニアとはコラボしていて、彼らもかなり直感的だと思いますね。感覚のいい人でないと、いい構造家にはなれないと思います。

――ものづくりの人って大体そうですよね。やっぱり感覚がよくて、後で理論の裏付けができる人が多いですよね。

伊東　建築の模型を作って、模型を揺すってみて揺れるようなものは大体、構造的にも成り立たない。若いスタッフにもよく、「こんなのは模型でももたないだろう」と言うんです。

——菊竹さんの所へは4年ぐらいいたんですよね。それから独立されて、最初に自分の事務所「アーバンロボット」をつくられる。これはＳＦみたいな名前ですね。

伊東　この由来はいい加減なんだけど、その後東大の産業機械工学科の教授になった月《つき》尾《お》嘉男《よしお》さんという同級生と二人で事務所を起こそうとしていたのです。彼が１９７０年の大阪万博の大屋根の下のロボットをデザインしていたんです。それで、二人で「アーバンロボット」という名前にしようと始めたら、彼が突然「やれなくなった」と言ったので、僕が一人残されて、名前だけ残ったという訳です。「アーバンロボットって何ですか？」と、事務所を作ってからみんなが聞くので、だんだん面倒くさくなって、伊東豊雄建築設計事務所という名前に変えました。

——「ロボット」という名前の由来には、テクノロジーや構造計算的なものによって建築を変えていきたい、という思いがあったわけですか。

伊東　そうですね。黒川紀章さんや僕の師匠の菊竹さんもそうでしたけれど、当時「メタボリズム」という建築理論が流行っていて、テクノロジーによって建築を変えていこう、というような動きが盛んだったので、その流れを継承するのかな、と思っていました。

――その頃、伊東さんはさまざまな個人住宅を造られています。特に「アルミの家」や「シルバーハット」は、構造的にかなり変わった個人住宅ですよね。それはやっぱり、素材や構造を見直す建築を考えたかったからですか。

伊東　そうですね。菊竹さんのところにいた頃から、構造と建築の表現はかなり一体的に考えていて、それは継承されていると思います。

――伊東さんの言う「表現主義的な建築」に対しての違和感が初期の建築にも出ている感じがします。伊東さんのキャリアの初期には個人住宅の時代があって、当時は自分の方向性について悶々と考えていたわけですよね。その一方で、テクノロジーで建築を変えていきたい、コンピューターとかロボット的なものを建築にどう組み入れるかということをすごく考えていたわけですよね。

伊東　そうですね。１９６０年代には建築家の中にも未来都市への思い入れがすごくあって、それが大阪万博につながっていくわけです。けれども、大阪万博を見て、「なんだ、未来都市の夢とはこんなものなのか」というがっかり感が僕のなかで急速に拡がっていったんです。1970年代は暗い内向的な時代に入っていって、都市に背を向けるみたいなことを磯崎新さんなんかも言い始めた。そういう自閉していく自分と、まだ60年代的なテクノロジーに期待を寄せる、未来志向のメタボリズムの継承者としての自分とが分裂気味に同居していたんです。そんな状況下で、最初のアルミの家はできたような気がします。

伊東豊雄の方法の確立

――個人住宅の時代を抜けて公共建築を手がけ始める中で、伊東さんのひとつの特徴として軽やかさとか透明性みたいなことが、キーワードとして出てくると思うんです。「八代市立博物館未来の森ミュージアム」や「大館樹海ドーム」、多くの人に認知されている「せんだいメディアテーク」は、とんでもない建築物ですよ。これらの建築物に共通する軽やかさや透明性という概念はどこから出てきたものなんですか。

伊東　やっぱり1980年代という時代ですね。1970年代の暗いトンネルを突き抜けて、

１９８０年代からバブルの日本になるわけですね。もう一回経済が復活してきて、あの頃は本当に夢の中に生きているような感じでした。というのも、仕事もまだそんなになかったから、毎晩のように新宿でお酒を飲み歩いていて、自分がネオンの中にいると、実理の空間の中にいないような感じだったんです。

そういうことを建築としてどう表現できるんだろうと思うと、重さのない建築や、ひたすら透明で映像のような建築ということになっていく。そういう建築はあり得るんだろうかということを考えていた時代が、「せんだいメディアテーク」よりもうちょっと前、１９８０年代の「シルバーハット」あたりからですね。

一番典型的なのは１９８６年の六本木の「レストランバー・ノマド」。仮設の建築で、後でホテルを建てることは決まっているんだけれど、それまでの間、駐車場にしておくのはもったいないので、レストランをやりたいということになったんです。本当はそのホテルの建築をやらせてくれるはずだったのが、結局、その仮設の建築だけができて、１年半で建築は消えましたね。

――せつないですね。

伊東　そういうことはざらで、1年半使われたというのは、まだいいほうです。できて一度も使われないまま、消えてしまった建築も当時ありましたよ。地価がバブルでがんがん上がっていくので、建築物が何億円かかろうがそんなものは目じゃない。土地が高く売れれば、建築物ごと売ってしまう恐ろしい時代でしたね。そんな中で、**軽さとか実体感のなさ**とかを一時期、やっていましたね。

——伊東さんの中で、軽やかさとか透明性は、批評的なところから出てきたわけですが、それがポジティブに展開されているのが、「せんだいメディアテーク」だと思うんです。

伊東　そうですね。「せんだいメディアテーク」は、かなり特異なコンペティションでした。1995年だったので、いまから20年以上前ですね。仙台市長がスキャンダルで替わったタイミングだったんですよ。後継者の市長が透明性のあるコンペティションを行うという方針を打ち出した。だから、役人は一切関わらず専門家だけでコンペティションをやりました。磯崎新さんが審査員長で、アーティストと建築家からなる数人で審査が行われました。

これはチャンスだと思って思い切った提案をしたら、通ったんですね。ただその代わり、決まった翌日からが針のむしろでした。

――どういうところがですか？

伊東　審査会のあった翌日から主導権がまた役所に戻ったわけです。役人には「なんだこんなもんは！」と明くる日にいきなり言われました。その後、住民集会も開かれたのですが、それが図書館と美術家の団体が中心になって企画されたもので、その団体の人たちのつるし上げをくらったんです。なんで図書館が1階にないんだとか、こんな変なチューブみたいなものがあったら邪魔だろう、絵の展示ができない、壁が足りないだろうといったことを散々言われて、本当にやめちゃおうかと思う日々が続きました。

でも、ちょうど1年くらい経ったときに、奥山恵美子さんという方が当時、生涯学習課長になってプロジェクトの担当になられたんです。彼女は、これは実現する価値があると思ったみたいで、それからは役所の中にも話をすごくうまく通してもらえるようになって、計画が実現しました。その結果、彼女は初代のせんだいメディアテーク館長になり、教育長、副市長を経て、２００９年に仙台市長になり、２期市長を務めることになりました。

――「せんだいメディアテーク」が市長を生んだわけですね。「せんだいメディアテーク」は

ほとんど壁がなく、ほとんど透明で、既存の柱らしい柱がないという画期的な造りですよね。

伊東　普通、建物には壁があります。壁があるということは、部屋に分かれるということですよね。でも部屋をできるだけ造りたくない。たとえば、図書館だったら子どもはこの部屋に入ってなさい、うるさいからと言われるのが普通なのです。でも、お年寄りはそばで子どもが走ってくれていたり学生が隣にいたりする方が嬉しいんですよね。

だから、「せんだいメディアテーク」ができ上がって1年経ったときに、お年寄りのファッションが変わりましたねと職員の方に言われました。つまり、学生さんと隣り合っていることでお年寄りが元気になる。

「せんだいメディアテーク」では壁を作る代わりに、13本の「チューブ」と呼んでいる太い柱が立っています。それがちょうど公園の中にいるように、陰になったり、奥まで見えたり、いろんな場所ができて、そこにいる人は自分で場所を選んで、何か行動をできるという造りになっています。そういうことをずっとその後もやろうしているので、僕のは壁の少ない建築が多いですね。

――壁がない建築というのは、言葉にするのは簡単ですけど、すごく大胆なことです。これ

をやろうと思ったきっかけはなんですか？

伊東　日本の木造建築には基本的に壁という概念がないんですね。

――たしかに、障子とかふすまとかが多いですね。

伊東　もちろん、壁はあるけれども、障子、ふすまを開ければ、全部つながってしまう。それはどういうことかと言えば、季節によって、寝る場所が夏と冬で変わってもいいわけだし、食べる場所が変わったり、お客さんが来ると普段といる場所も変わるというように、臨機応変に季節とか時間とか活動に応じて場所の形を変えられる。だから、外部環境に応じたさまざまな場所を用意しておくことが日本の建築の本質なんですね。それに近いことをずっとやりたいと思っているんです。

そうすると、いきおい壁がなくなる。ヨーロッパの建築は、逆に自然からも閉じられている。建築の内部も閉じていて、おまえは一年中ここで寝なさいというようなことを機能という概念でもって決めるわけです。それが自分にとっては一番嫌なわけですね。

――なるほど。それに続くのが「まつもと市民芸術館」、東京・高円寺の「座・高円寺」、そして「多摩美術大学図書館」ですね。これらの建築物にも共通する伊東豊雄イズムと言えるようなスタイルがあると思うんです。先ほど表現主義的な建築にはしたくないとおっしゃっていましたけれど、これらの建築物を見ると伊東さんのスタイルがすごく貫かれているなという風に感じるんですよね。それは伊東さんはどういう風に捉えていますか？

伊東　いずれも、スタイルはかなり違いますよね。自分の固定したスタイルを作りたくないとずっと考えています。ただ、「多摩美術大学図書館」もアーチが縦横に走っていて、区切られた壁は極めて少ない。そうすることで、「せんだいメディアテーク」とは違った空間を追求しています。「多摩美術大学図書館」は連続するアーチなので、上の方に少し壁があるわけですね。分節しつつ連続するという試みをやっていますね。

――伊東さんの中に、いわゆる格子状の垂直直線的なグリッドシステムに対する違和感や嫌悪感があるんですか？

伊東　嫌悪感というほどではないですが、そういう感覚はありますね。ただ、僕でも高層ビルを造ったら、グリッド状のものにならざるを得ないんですよ。だから、できるだけ低層の建築のほうが好きです。

それと、自然のシステムに近づけたいという思いがあるんです。人間は幾何学を使ってしか基本的には建物を建築できない。ところが、その**建築物が置かれる自然の大地というのは幾何学では成り立っていない**。直角に交差するものは自然物の中にはないわけですからね。そこが矛盾ですね。人間は幾何学によって建築を造らなきゃならないのに、それが依って立つ環境には直行するグリッドのようなものは何にもない。その間をどうつなげるのだということになります。どうやってその間に折り合いをつけていくのかが一番自分にとっては興味のあるところですね。

――その流動的な形を造る論理を伊東さんが言っている言葉で、すごく腑に落ちた言葉があります。

建築はかわらないという大前提があるから、正方形や円という純粋幾何学が一番美しいといわれてきたけれど、そうではない美しい建築があるのかもしれない。エコロジーや自然とのかかわりを建築が問うのであれば、純粋幾何学の建築ではなく、別の建築のありようを求める必要がある。僕らはそれをアルゴリズムを使って示そうとしている。

（『けんちく世界をめぐる10の冒険』より）

確かにいま、エコロジー的な建築とかクリーンな建築という言葉が世間で飛び交っていますけれど、それをやるんだったら、構造そのものが幾何学の構造から一歩踏み出さなきゃいけないということを言っているわけですよね。

伊東　そうですね。この言葉はまさしくいまお話ししたことを端的に言い換えていると思います。そうやって**自然のシステムに少し近づいていくような建築を造りたい**といつも思うんですね。それと同時に、自然の中に溶け込んでいく、風や水やいろんな流動体が建築の中にも入ってくるし、建築からも空気が流れ出していくような、そういう関係を生み出したい。自然から独立した純粋な幾何学が美しいと西洋ではギリシャ以来ずっと言われてきたわけで、**モダニズムの建築もグリッドの美学で成立している**わけです。そうではない美しさとか楽しさがあるんじゃないかということをやってみたい。

ル・コルビュジエという建築家は、インドにいくつか建築を造っていて、それらを最近訪れました。ル・コルビュジエは、円とか正方形とか立方体という純粋幾何学で造られるものに光が当たって、光と影を生み出したときに一番美しいんだと言っている人です。その人がインドで建築を造ったら、西欧世界で建てたものと全く違うのです。本当に自然の中に溶けていくようなダイナミックな建築で、インドという大地がこういう建築を造らせたんだと思って感動しました。僕もそんな建築を造りたいですね。

――よくエコハウスとかグリーンハウスというのが発表されていますけれど、ああいうものは全般的にデザイン的につまらないじゃないですか。なぜあんなにつまらないんですかね？

伊東　エコロジーということ自体が目的化されたらつまらないでしょうね。建築は人間がいて、そこで寝転がったり、食べたり、寝たり、いつも動き回ったりという活動があって、その上でのエコロジーのはずだから、素材を変えて、断熱性を上げて、これはエネルギーをセーブしていると言っても、楽しくなかったら何の意味もないと思いますね。

――その辺に関しては、伊東さんも『伊東豊雄読本―２０１０』の中で、「シミュレーションにばかり頼り始めると、表現の魅力は無くなっていくでしょう。だからこそ、絶え間なくフェラーリとプリウスの往復を繰り返すことは、必要なのです」と言っている。僕はこのフレーズ

がすごく好きです。とはいえ、フェラーリは、経済合理性とかエコロジー性とかほぼ皆無に近いじゃないですか？

伊東　ガソリンをまき散らして走っているような車ですね。ただ、全体のバランスが取れていれば、そういうものもあってもいいと思います。

――伊東さんの中では、フェラーリ的な表現主義的欲求とプリウス的な性能重視との間で、振幅的な収まりが取れているものなんですか？

伊東　プリウスのように性能を重視する一方で、これが車なの？これが建築なの？と概念を変革するようなものも一方ではやっぱり重要じゃないかと思います。**何か突き抜けていくためには、とんでもないことをやることによって、一気に概念を変えることが必要です。**

たとえば、「せんだいメディアテーク」も、当初これは建築じゃないと言われましたが、自分にとっては少なくとも、建築の方法を大きく変えるきっかけになりました。「これはすごいんだぞ」と自分に言い聞かせていても、内心、オープンして文句ばっかり言われたらどうしようと、心配でしょうがなかったんです。２階は本を読むスペースなのですが、１階でジャズ・

フェスティバルなんかを時々やるんですよね。そうすると音が筒抜けなんですよ。図書館の中で子どもが走り回ったりもする。そういうことを非難されたらどうしようと思っていました。
でも、オープンしたその日に入ってきた人たちが、十年前からこの建築はあったんじゃないのみたいな顔をして、勝手にいろんな所を歩き回って、自分の好きな場所を定めて使い始めたので、ああ、これで良かったんだって安堵しました。そこに来る人の居心地さえよければ、こういうことをやってもいいんだなということに自分でも驚きました。

グローバリゼーションの中の建築

——伊東さんは、「せんだいメディアテーク」以降、海外の案件がすごく増えたと思うんですけども、グローバリゼーションの中でどう建築をしているんでしょうか。「せんだいメディアテーク」以降の作品を参照しながらそういったお話をしていければと思います。まず、シンガポールの巨大ショッピングモール「VivoCity」。

伊東　「VivoCity」はシンガポールでの最初の建築でした。この施設は当初、アメリカの商業ビルをやっている建築家が設計していたんですよ。それをクライアントのボスが気に入らなくて、突如、僕に振られたんですね。1カ月くらいで最初のイメージを出して、そのときにはもうパーキングのスペースはできつつあった。だから、僕が設計を考え始めた段階で柱の位置が全部決まっていたんですよ。その上にどうやって考えたものを乗せるかということで、現場で足元を見ながら設計するような造り方だったんですね。

――このように海外の商業施設などの案件が一気に増えたわけですが、伊東さんはかつて「消費の海に浸らずして新しい建築はない」（『日本語の建築』より）という言葉を残していますよね。

伊東　これは1986年、六本木の「レストランバー・ノマド」を造っていた時代に言った言葉です。僕は、建築が使われないうちになくなってしまう時代に、建築は永遠だよとあえて言っていたわけですね。でも、それだけではダメで、その時代にもっとフィットするような建築を造っていかないと、建築は力を失う。つまり、その**時代の社会や生活との同時代性を建築も獲得しないと、生き生きした建築にできない**という意味で、そう軽薄なことを言っているわけではないんですね。

――すごく同感です。多分、クリエーション全般で同じことが言えて、いまものをつくる人はそうでないといけないと思うんです。消費の海に浸らずして新しいクリエーションはできない。浸った結果として駄目になっちゃうクリエーションや駄目になっている人もいるけど、そこを突き抜けるためにも一回浸らざるを得ないいんじゃないかなと僕も思うんです。

伊東　そうですね。このときには、「おまえはタイトロープの上で建築を造っているのか」ということを言われましたね。非常にリスキーではあったと思います。

――去年（２０１５年）、僕も『物欲なき世界』という本を書いて、そのためにアメリカを取材したりしたんですね。アメリカの東と西の両海岸へ行ったら、アメリカの都市部は既に消費が突き抜けた別の次元に行っていて、やっぱり消費の海に浸らないと次の消費の形は見えないのかなって思いました。

伊東　そうですね。今日は、インタビューを受ける立場ですけれども、『物欲なき世界』は本当に機才に富んでいて、日本はこれから必ずそういう方向に行くだろうなと思いました。先週、韓国の済州島に行ったんですよ。済州島は韓国の中で一番南なので、気候がいい。大体、東京と同じくらいの気候でした。人口60万人の島なんですが、韓国の中で済州島だけが毎年、人口が増加しているらしいです。しかも、若い人が移住して来ているんです。もうソウルなんかに飽きた若い人が脱サラして、済州島でカフェを始めたり、小さな民宿をやったりしている。そういう話を聞いて、東京もちょっと遅れているけれど、もっとそういう方向に行くに違いないなと思いました。そんな風に、まさしく「物欲なき世界」の人たちが圧倒的に増えてきていますよね。

――伊東さんは「せんだいメディアテーク」以降、海外案件の仕事が増えて、いかに海外で戦うかということを実践されてきた方だと思います。僕にとってすごく響いた言葉が著書にあって、「ヨーロッパ社会によって形成されてきた芸術や知性をこれからも建築が求め続けるのかということに対して、現代建築の評価はその問いに対する答えが分かれ道になる気がする」と言っています。

基本的に現代のグローバリズム建築は、ヨーロッパで培われてきたものだというコンテクストがあり、日本にいようが中国にいようが、その中で建築やクリエーションをせざるをえないんですが、そこをどう乗り越えるかということがいま、特に日本を含むアジアの建築家の最大のテーマですよね。

伊東　そうですね。1、2年くらい前だったかな。石山友美さんという若い映画監督が『だれも知らない建築のはなし』という映画を作って、僕を含め何人かの建築家がインタビューを受けたんです。それを見て、**欧米の批評家や建築家が言っていることは、相変わらずヨーロッパ目線だな**ということをすごく感じたんですね。建築のコンペティションをやっても、相変わらずそういう目線で判断されるケースが多くて、**モダニズムの文脈に則った建築をやらないと、欧米では建築家として評価されない。**アジアでも基本的にはいまだにそうで、そうした風潮を僕はあんまり面白くないと思っています。

先ほどお話ししたように、われわれには日本の木造の家屋の生活があって、そういう感性は僕らのＤＮＡに浸透しているわけだから、それを現代建築がどうやって再生できるのかという問題の方が圧倒的に面白い。ヨーロッパでは、なかなかそれは理解されにくいという印象があるけれど、そのことはアジアではある程度通じるのではないかなと思います。僕はもっとそこを開拓していきたいですね。

――そうしたことを他に実践する方はいないんでしょうか。

伊東　そういうことを考えている、自分にとって興味のある建築家はあんまり同世代ではいませんね。海外でコンペティションをやると、レム・コールハースやジャン・ヌーヴェルとか、大体同じような組み合わせでコンペティションをやるケースが多かったんですけれども、最近、急激に興味がなくなってきていて、彼らの建築をそれほど見たいとは思わないし、疎遠になりつつありますね。日本の30代よりももうちょっと下の建築家の方が、もうちょっとカジュアルにものを考えていて、彼らに期待するところはあります。

──もうひとつ、伊東さんは格差に関しても言及していて、「〝お金持ちのために建築をつくること〟に、ぼくたち日本人は、なんとなく抵抗を感じてしまう……。その問題を、精神的にも思想的にもクリアしていかないと、なかなか次へ進めないのかもしれません」（『伊東豊雄読本──2010』より）と。先ほどのフェラーリとプリウスに近い話ですね。

伊東　たとえば、「TOD'S表参道ビル」は小さな建築ですけれど、単価は結構高いんですよ。公共建築ではあんなことはできません。コストの問題で、到底無理。こうした建築は、お金持ちのクライアントがいて初めて実現するわけですね。昔からお金のあるところでしか建築は実現しないわけで、バブル期には「いいよな、日本は」と、アメリカの建築家から随分羨まれてきました。日本のゼネコンの技術もすごいし、すぐ実現するということをすごく羨ましがられた時代もあったんです。

基本的に経済と建築はいつも結び付いているわけで、そこを完全に否定もできないし、肯定もできないという微妙なところで生きていかざるをえないですね。だから、僕は「もうコストのかかる建築はやれません、本当に貧しい人たちだけのために建築を造るんです」と言った途端に何にもできなくなる。それでも実現しない建築を主張し続けるのか、それとも少しはお金持ちのためにも足を踏み入れて何とかやっていくのか、その都度の判断ですね。

――伊東さんの中で明快な解はありますか？

伊東　ありませんね。公共建築でも、先ほど話に出た「せんだいメディアテーク」の奥山恵美子さんのように、最後は個人対個人の問題になるんですよ。だから、クライアントが個人として顔を見せない建築は必ずうまくいきませんね。

コミュニティのための建築

――最近、伊東さんが積極的に発言しているのは、コミュニティのために建築を造るということですよね。岐阜県にある「みんなの森　ぎふメディアコスモス」も地元のコミュニティ形成をかなり意図されたものですよね。

伊東　そうです。中身は「せんだいメディアテーク」とほとんど同じなんですけれども、より地域に密着しています。さらに、ここは自然環境との関係をデザインに大きく取り込んでいるので、**消費エネルギーが従来の同じ規模の建物の半分以下で運営されていて、かなり省エネに貢献しています。**こういうことを公共建築が考え始めれば、原発なんか要らなくなるんですよね。

――いわばフェラーリ的なプリウスなわけですね（笑）。次は規模がでかくなりますが、台中のオペラハウス、「台中国家歌劇院」ですね。

伊東　11年かかって、2016年9月にオープンしました。

――僕は実物を見ていないんですが、とんでもない規模ですよね。

伊東　大きな公園の中にあるのですが、公園は2年近く前からオープンしていたので、そこに町の人がたくさん集まって、夜な夜なコンサートをやったりしていました。町の人は開くのはいつだいつだと、ずっと待ちわびていて、開いたとたんにめちゃくちゃ人が来ました。みんなオペラハウスとは思えないような、サンダル履きのカジュアルな感じの人が多くて。台中は暑いですから。子連れも多く、すごくカジュアルで、いい雰囲気です。

――この建築は伊東さんがよく言う「広場のような建築を造りたい」というのがかなり実現できているかと思うんです。

伊東　そうですね。このときは**人間の身体のような建築を造りたい**と言って、ものすごく面倒くさい構造体になりました。人間が口とか鼻とか耳とかで自然と結ばれているようにチューブによって自然と結ばれているイメージの建築をやってみたいなと。

そうは言っても建築だから内と外の隔たりはあるんですけれども、この建築の中までが道の延長、広場の延長のようになっています。至るところで小さなコンサートをやったり、屋上でも階段の脇でも小さなイベントがいつでも行われていて、すごく良い使い方をしてくれているなと思いますね。他にも、地下に小劇場があるんですが、ステージを開け放って、建物の中と外を連続的に使っていますね。

——伊東さんの場合、内部、外部の隔たりがなく、広場のようになっていてコミュニティを形成するというのが、スケールを問わず通底していますよね。そこまでしてコミュニティにこだわるのはなぜなんですか？

伊東　基本的に一人のための建築はあり得ないと思っていて、そうすると、**いかに人が集まる場所を形にするか**ということがわれわれのやることだろうと思っているんです。だから、「せんだいメディアテーク」にしろ、「みんなの森　ぎふメディアコスモス」にしろ、図書館だとは言っても、本を読みに来るのが目的じゃないんですよね。やっぱり、そこに行くと何となく知っている人がいる。

だから、東京のような大都市ではああいった建築は成り立たないんですよ。仙台の人口が108万人、岐阜市の人口は41万人ですから、そのくらいのスケールだと訪れても安心感があって、コーヒー1杯飲んで帰るだけでも、いま、世の中はこういうことになっているんだなということが何となく分かるんです。現代の人は、改まって話しましょうって感じは嫌いだけど、何となく一緒にいることは求めている。そういう新しいコミュニケーションやコミュニティをどう居心地よく造るかが問われている気がしますね。

震災後、どんな建築が可能か？

――いまの発言に関連して、伊東さんはこんなことを言っています。

『みんなの家』は小さなプロジェクトですが、この実現のプロセスには実に大きな意味が込められています。即ち、それは近代の『個』の意味を問い直そうとする試みだからです。近代以降、建築は個のオリジナリティに最大の評価を与えてきました。その結果、建築は誰のために、そして何のためにつくるのか、という最もプリミティブなテーマを忘れてしまったのです。

（瀧口範子著『にほんの建築家　伊東豊雄・観察記』より）

ここで言う「個」とは個人主義のことですか？

伊東　この言葉の文脈を説明すると、**建築はプライバシーとすごく密接に関わっていて、特に**

戦後は個人のプライバシーを尊重することが大きな価値を持ってきたわけですね。だから、集合住宅なんかはどんなに小さくても何DKという間取りになってきたわけですけれども、仮設住宅のようなものでも同じ使い方をしているんですね。ワンルームマンションよりはるかに小さいスペースをさらに分割して、何DKと言っているのはちょっと信じられない話で、プライバシーよりもっと必要なテーマがあるんじゃないのか？ということが問い直されるべきかなと思いました。

――それは21世紀的な感じがします。フェイスブックの創設者のマーク・ザッカーバーグがよくインタビューで、もうプライバシーにこだわっていること自体が古いから、もうプライバシーは要らないと言っているんですよ。その発言にも伊東さんの言うことはつながるのかなという気がします。

伊東　そうですね。菅付さんはシェアリングとかシェアとかについて盛んに言っておられますけれども、いまの若い人は本当にそうなっていますよね。住まいもそうだし、車もそうだし、いろんなものに対するこだわり方がかなり変わってきていますよね。

――だから、いまは伊東さんが言ったように、プライバシーは一番大事なことかを考えるいいタイミングですよね。

伊東　そうです。特にわれわれは、西欧の人とは違いますからね。

――少し話を戻して、建築を通じたコミュニケーションについてお伺いしたいです。伊東さんはコミュニケーションについて、「建築は、コミュニケーションの場を提供するのではなく、建築をつくることそのものがコミュニケーションであり、そこにコミュニティ空間がある」（『日本語の建築』より）と語っていて、すごく美しい言葉だと思います。

いま、一般の人で建築を造る現場に関与したことがある人はほとんどいないと思うんですね。でも、「みんなの家」などの活動は、自分たちのものを自分たちで造るという、昔は当たり前だった行為を呼び起こしているわけじゃないですか。

伊東　そうです。公共建築でも、一緒に考えて、一緒に造ることによって、みんな俺がこれを造ったんだと思えるといいですよね。そうなったら、やっぱり使われ方も全然違ってくると思うんです。

モダニズムを超える

――伊東さんはよく、モダニズムをいかに超えるかという話をしています。これは技術的、デザイン的な面でもそうだと思うし、思想的な面とももちろんリンクしていると思うんですね。伊東さんがモダニズムを超えたいと考える上で、一番意識していることはどういうことですか。

伊東　まず建築に即して言えば、モダニズム建築とは、先ほど言った機能という概念や個という概念を確立し、建築によって自然から切り離された人工環境を造ることですね。そこを全部超えたくて、言ってみれば、**自然との親密な関係をどうやってもう一回、回復できるかが、**僕にとってモダニズムを超える上での大きなテーマと言い換えられると思います。

――ただ一方では建築家というのは、モダニズムの先兵と言いますか、モダニズムの視覚化を担う役割がありますよね。

伊東　おっしゃるとおり、ずっとあったんですよね。ですから、東日本大震災、熊本地震を通じて、特に若い建築家の人たちとこの問題をわれわれ自身の問題であるんだと考え直そうとしているんです。ただ、国外のコンペティションに参加したら、モダニズムの建築でなければなかなか勝てないという現実があります。また、入札の制度もしかり、コンペティションの制度もしかり、ものを造っていく社会的なシステムが、まだモダニズム真っただ中なわけです。だから、建築家の思想の問題だけではないということが非常に難しいですね。

――伊東さんもよく言及しているフランク・ゲーリーとか、この前亡くなったザハ・ハディドは、まさにグローバル資本主義の象徴を視覚化した建築をやってきたんだと思うんですけれども。

伊東　そうですね。ザハの建築はどこにいっても同じだし、ゲーリーだって大体、同じです。ゲーリー本人も、どれがどのプロジェクトなのかわからないぐらいでしょう。それくらい同じ造り方で同じものを造っていますよね。あれほどつまらないことはないと僕は思うんです。そういうブランドで、世界中に同じ建築が造られていくというのは、モダニズムですよね。グローバル経済の産物だと思います。

――伊東さんはそこを何とか超えようとしているわけで、こういうことを言っています。「モダニズム建築は一枚の壁によって内と外をはっきり分けるという思想でできています。内と外をもう少し柔らかく仕切るほうが日本人にとっては心地よいものになるに違いありません」（『「建築」で日本を変える』より）と。

伊東　そうですね。大体、機能というのは、寝るとか食べるとか休むとか風呂に入るとかそういうことを単純な言葉で切り分けるわけですね。でも、食べながら本を読んだり、寝転がりながらテレビを見たり、**人間の活動というのは複合的なわけだから、機能という言葉で単純に切り分けられるものではない**のに、明確に切り分けて、それにひとつずつ空間を与えていくというのは大変な矛盾なわけです。

だから、機能という概念を外していく。繰り返しになりますが、日本の木造の住宅は機能によって造られていない。そういう切り分けによっていろんな場所を造っていくというやり方で建築が再構成できるかというのは、すごく興味があるところです。

――それは僕ら日本人とかアジア人にとっては、割とすんなり入っていく考え方だと思うんですけれど、欧米人とか他の文化の人たちはどうなんでしょう。

伊東　だいぶ変わってきていると思います。アジアに住む外国人もすごく多いし、随分、モダニズムの硬い思想からは緩くなってきていると思います。ただ、僕ははっきり言葉を定義しない日本語という言葉の影響が大きいと思っていて、その緩さみたいなものがあると、内外をもっと柔らかく仕切るとか、そういうことも考えやすいのではないかなと思いますね。

――キリスト教文化圏には悪と正義とか悪魔と神とか明らかな敵という概念があるじゃないですか。それに対し、あんまりアジアとか日本では明確な敵という概念がそれほど強くないですよね。

伊東　おっしゃるとおりだと思います。やっぱり**欧米は自己と他者という風に個の境界を明確にするから**。それほど明確に隔てないのは日本のすごく良いところでもあり、曖昧だと言われるところでもあるだろうと思いますよ。僕はそういう考え方はすごく好きですね。

――それは日本の外でも普遍性が獲得できるんでしょうか。

伊東　できると思います。というより、自分はそういう考え方しかできないって言った方がいいかもしれません。自分と他者もそうだし、建築における外と内との関係もそうだし、そういう関係の中で生きていて、それが建築にも影響を及ぼしているんだと思います。戦後の民主主義の中で、モダニズムをひたすら信仰してきた日本人がやっぱりかなり変わってきているのかなという気がしていて、だから、先ほどおっしゃったシェアする社会に世の中が変わっていくんでしょうね。それは、やっぱりネットの影響なんかが大きいでしょうね。

これからの建築

——これから建築はどこへ向かい、そして、伊東さんはどういったことをやろうとしているかということを伺いたいです。ご著書の中の発言を紹介すると、「現代建築は、もの凄く複雑なプログラムを求めている。かなりプロデューサー的な存在に建築家がなっているような気がします。既に、『強い表現上のアイディアをポンと出すだけ』というようなタイプの建築は、魅力がなくなっている」（『伊東豊雄読本——２０１０』より）。

いま、建築家に求められていることは複雑多岐になってきていますよね。

伊東　一人でできることが非常に限られているということが見えてしまっている。それをいかによいチームを組みながらできるか。あるいは建築を使う人たちとも一緒になって考えるということがこれからはすごく大事になると思います。建築家は、俺がこれをやるんだみたいなポジションではなくて、うまくチームをオーガナイズしていくポジションになっていかざるをえないでしょうね。

――あえて意地悪な質問をするんですけれども、それだけ複雑なプログラムを求められているのが現代建築だったら、それならゼネコンでいいのでは？という話も出てくるかもしれませんが、それに対してはどう思われますか。

伊東　それは違います。言い方は悪いですが、ゼネコンの設計部の人は、できるだけ安く造る、利益が上がるように造るということをひたすら問われ続けているし、クライアントに逆らうことは絶対に許されない。クライアントが赤い壁がいいと言えば、赤にします。われわれは自由だから、白のほうがいいんじゃないですかということは平気で言います。僕らもゼネコンと一緒にチームを組んでやることは少しずつ出てきていますけどね。

──そういう意味では自由度、もっと踏み込んだ言い方をすると思想みたいなところが一番の違いということになるんですか。

伊東　そうですね。建築を造る価値を何に求めるかというところで、大きく分かれると思いますね。

──なるほど。著書でも「突き詰めていけば、建築家の存在意義は、『思想』があるかないかです」（『「建築」で日本を変える』より）という風に伊東さんは言っていますね。

伊東　そうですね。一般論として成り立つかどうかわからないですけれども、僕の場合、**自分が建築を造り続けようとする意志**はそこにあると思っています。

──伊東さんの場合はラジカルな思想があるということなんでしょうか？

伊東　そうではないです。「物欲なき社会」と言う場合、それはラジカルな思想というよりは現実がそういう方向に向かっているということですよね。ところが、**建築はずっと遅れていて、**

はるか以前の思想に基づいて相変わらず造られている。

だから、いかにいまの時代にふさわしいところまで近づけていけるかということですね。少し現代に近づけるだけで十分なんです。思想と言っても、すごく先端的なことを考えているわけではなくて、**いま、皆さんが考えていることに少し近づいた建築はどういう建築なんだろう**ということです。それが思想と言えるか言えないかは分かりませんが、それが僕にとっての思想です。（了）

2016年12月15日収録

5

これからの経済

成長を求めない
「動かない」社会へ

水野和夫

Kazuo MIZUNO
経済学者、法政大学法学部教授。1953年、愛知県生まれ。早稲田大学大学院経済学研究科修士課程修了、埼玉大学大学院経済科学研究科博士号取得。三菱UFJモルガン・スタンレー証券チーフエコノミストなどを経て、内閣府大臣官房審議官(経済財政分析担当)、内閣官房内閣審議官(国家戦略室)を歴任。著書に『資本主義の終焉と歴史の危機』(集英社新書、2014。2015年に新書大賞受賞)、『資本主義の終焉、その先の世界』(共著、詩想社、2015)など。近刊に『株式会社の終焉』(ディスカヴァー・トゥエンティワン、2016)、『国貧論』(太田出版、2016)、『閉じてゆく帝国と逆説の21世紀経済』(集英社新書、2017)がある。

「資本主義は終わる」とはカール・マルクスの予言以来、1世紀半近く言われていることだが、現在、彼ほど説得力を持ってこのことを語れる人はいない。ベストセラーとなった『資本主義の終焉と歴史の危機』などで知られる経済学者の水野和夫さんは、元々が証券会社のアナリストという経歴も背景に、膨大なデータの蓄積の上で、資本主義の末期状態を見事に描写する。

単なる経済情報だけでなく、歴史や文化、芸術への博覧強記的知識をもって来るべき世界を予見する水野さんの言葉は、自分たちが大きな歴史の転換点に立っていることを肯定的に思わせてくれる。

データが示す資本主義の末期症状

――『資本主義の終焉と歴史の危機』で知られる水野さんに、「これからの経済」という大テーマで「資本主義終焉のその後」を見据えたお話を伺いたいと思います。

大きく二つのお話を伺います。ひとつは、水野さんの著書にある「終焉の鐘の音が聞こえる」という言葉をキーワードに、資本主義の終焉の鐘の音がどう水野さんに聞こえているのかということ。もうひとつは、資本主義はいかにして終わっていくのか、そして終わった後の世界がどういう世界になるのか、ということです。

まず、ひとつめについて伺います。水野さんは著作でデータをあげながら、いまの資本主義の危機的な状況を語っていますね。

水野　国際NGOのオックスファムは毎年、世界の格差の状況を報告しています。2017年1月に発表された世界の資産の格差によれば、世界の上位8人と下位50％の財産が同じだという驚くべき状況です（次ページ図1）。ビル・ゲイツなど世界の上位8人が持っている資産の合計が約4260億ドル（1人当たり平均533億ドル）。一方、世界人口73・5億人のうち、下位36・8億人が持っている資産の合計が同じ額で約4000億ドルです。単純に36・8億人

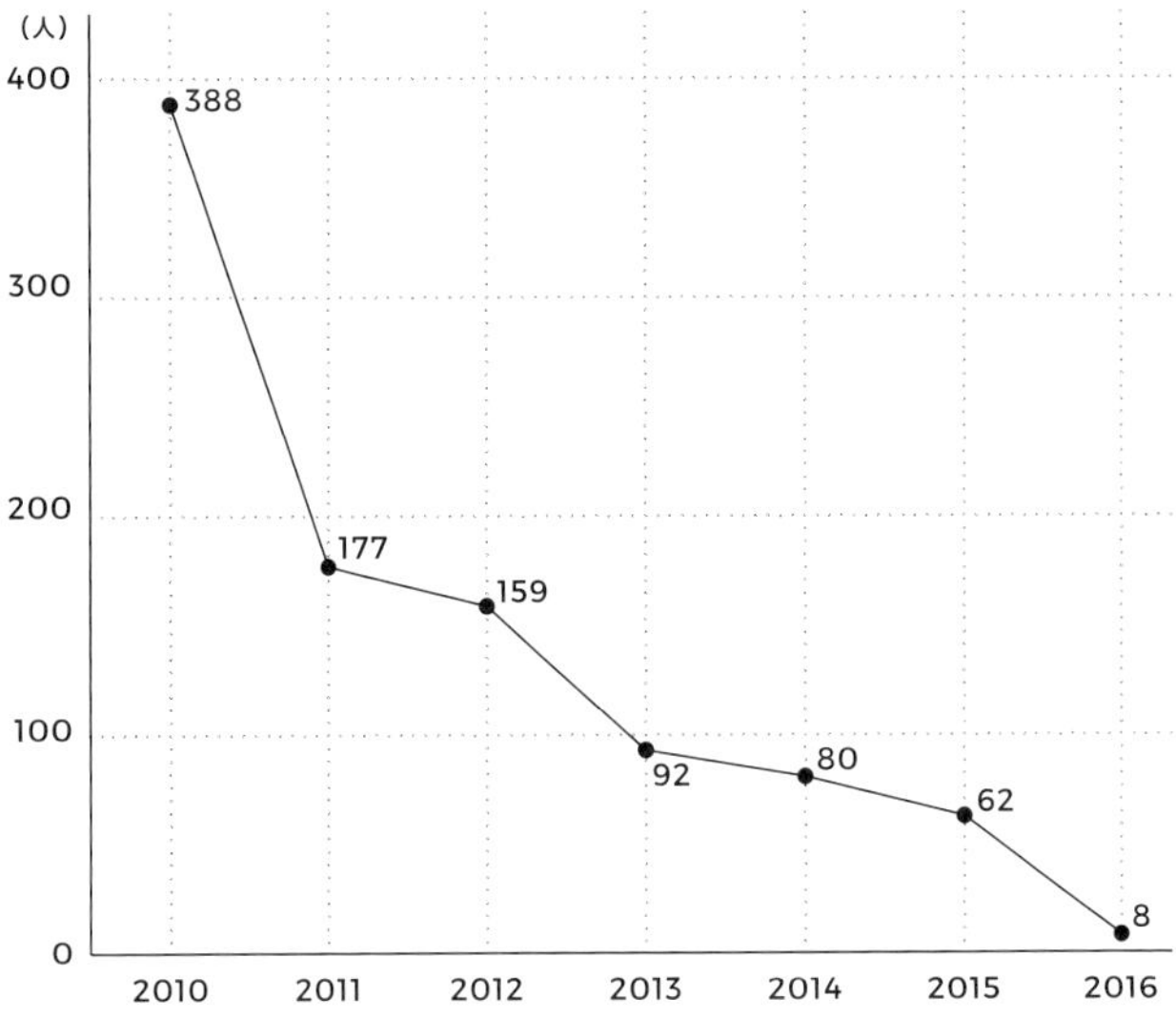

図1　世界の人口50%と同額の資産を有する億万長者の数

を8人で割れば4・6億倍ですね。この資産格差が仮に15年間の蓄積で生じたとすれば、下位50％の1年分の仕事を、世界上位8人の生産性でわずか1秒で達成するということになって、これをどうやって正当化するのでしょうか。

下位36・8億人は1人当たりに換算すると、116ドルしか資産を持っていない。国連は1日1・9ドル以下の収入だと生命の危機にあるとしているので、持っている資産から逆算すると、収入が断たれたら、61日しか生きられないことになります。その後は援助がない限り生きていく手段がない。その一方で、上位8人は説明がつかないくらいの資産を持っている。いかに格差が大きいかがわかります。

もし上位8人が4億6000万人分の生産性がある仕事を1世代ずっとやっているのであれば資産の格差も正当化できますが、そんなことはありえません。戦国時代でもせいぜい百人力、つまり1人で100人倒すくらいの格差が一瞬あっただけで、毎年1対100人で何十年間もずっと連戦連勝なんて不可能です。

要は、**経済学では説明できない格差になっている**ということ。2010年の時点では、世界の半分の人（34・7億人）と同じ資産を持つ人が388人で、それでも十分衝撃的な数字だったのですが、ついに8人になってしまったんです。

来年には6人になり、そのうち1人になって、ついには「世界皇帝」が誕生することになるでしょう。確かに、古代ローマにおいてネロが皇帝の時代には、6人の土地所有者がアフリカの領地の半分を所有していたと言われています。ネロが皇帝（在位54〜68年）だった64年にはローマが大火に見舞われました。皇帝ネロがわざと火を放ったとのうわさが流れるほど、人々の不満は鬱積していたのです。

――次に「賃金と企業利益」に関する表です（図2）。

水野 日本は欧米に比べると比較的格差が小さいと思われていますが、そうではないことがこのグラフからわかります。

折れ線（1人当たりの実質賃金）が示すように、1997年を境にして日本全体で15％も生活水準が下がっている。理由は主として社員の非正規化です。いままで正社員で年収約500万円だった人が、企業の投資の失敗などが原因でリストラに遭って、非正規の仕事しかなくなる。そうすると年収が半減して、日本全体の平均賃金も下がっていきます。

一方、棒グラフは企業利益です。こちらは伸びていて、2017年度の当期純利益（全産業・全規模ベース）はリーマンショック直前の2・0倍となる見込みです。なぜ、企業利益が右肩上がりになる一方で、1人当たり実質賃金は右肩下がりになっているのか。それは、**労働**

出典：厚生労働省「毎月勤労統計調査」（実質賃金）・財務省「法人企業統計調査」（企業利益）

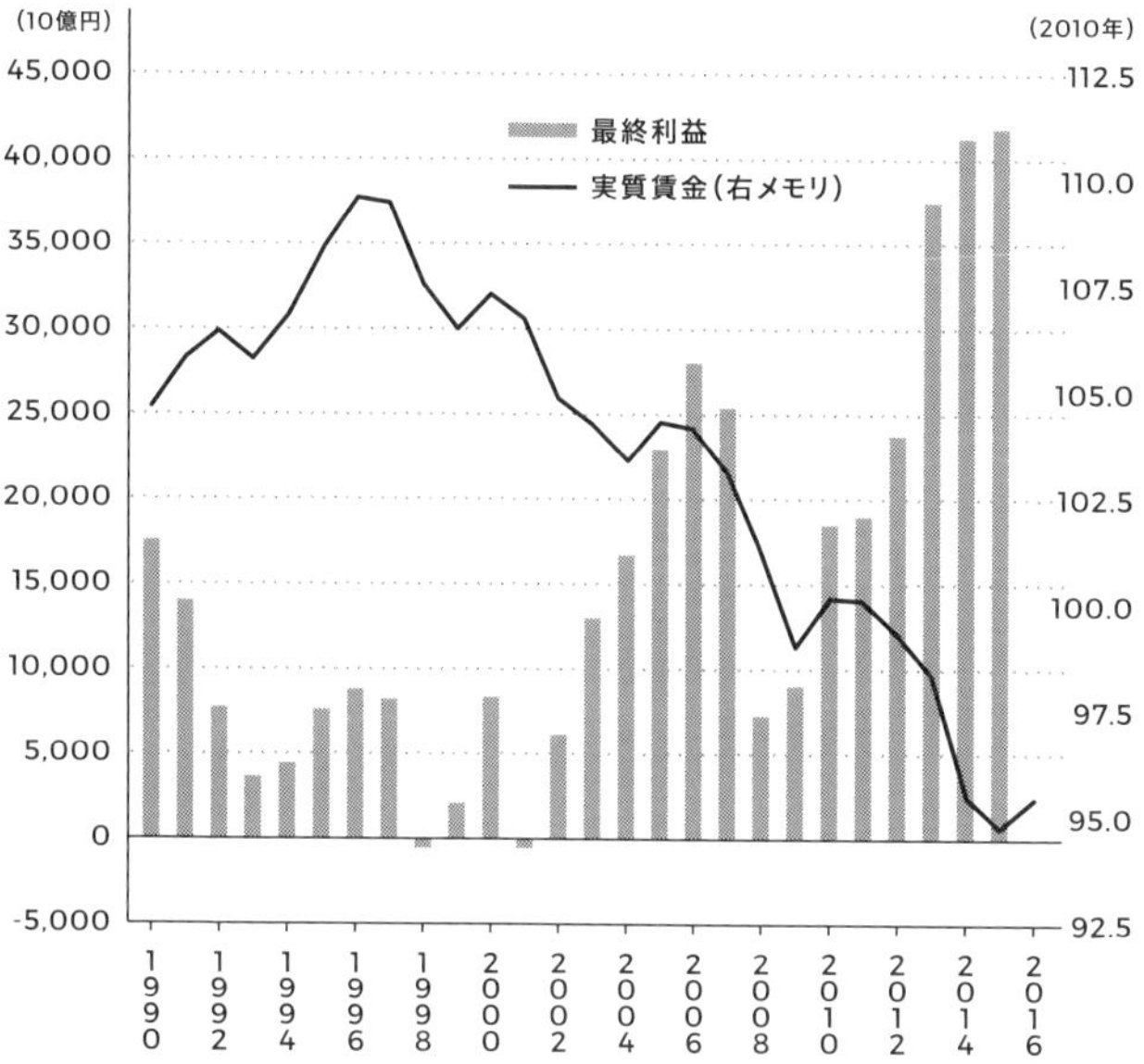

図2　日本人の一人当たり実質賃金と企業の当期純利益

者と経営者の賃金格差が不合理に拡大しているからです。労働者5800万人の能力が97年から15％低下して、経営者たちの実力が97年からにわかに高まっているというなら説明がつきますが、もちろん実際はそうじゃない。給料を決めるのはCEOですから、この現象の原因が自分たちにはないと考えるなら、格差が拡大している現象について誰もが納得できるような根拠を示すべき。でも、それは実際のところ、ピケティが示唆しているように「あたかもCEOはレジに手を突っ込んでいるといったほうがいい」のですから、説明はできないのです。

世界中の経営者はマルクス主義経営者

――次は企業の内部留保を示したグラフですが、これもかなり伸びていますね（図3）。

水野　先ほどの棒グラフは企業の毎年の当期純利益（最終利益）でした。その4割は株主に還元され、6割は企業の内部留保となります。そうして毎年の利益が積み上がっていった結果、内部留保がいま406兆円（2016年度末）にまで膨れ上がっているというのがこのグラフです。これも、何のために内部留保を溜め込んでいるのか、企業は説明しないといけない。

本来、内部留保は企業が工場などを新しく作るときに、銀行からの借り入れだけでは足りな

（注）対象は全産業・全規模
出所：財務総合政策研究所「法人企業統計年報特集」

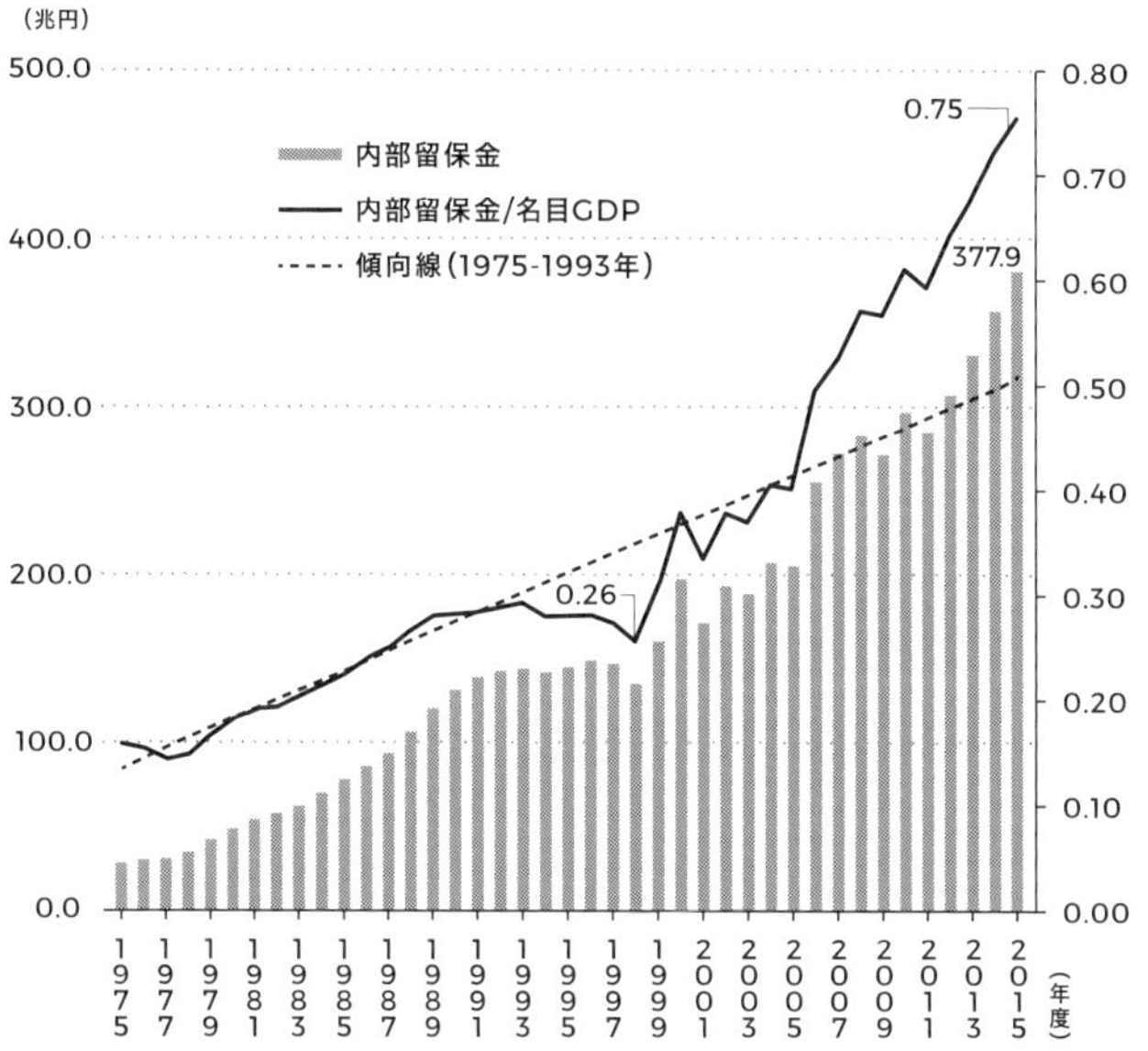

図3　日本企業の内部留保金の推移

い分を内部資金で補うためにあるもの。数十年前、「家に自動車がないからもっと早く大きな工場を作って一刻も早く大量生産してほしい」と日本国民が思っていた時代であれば、内部留保の蓄積を優先して投資をすればよかったでしょう。でも、そんなことを言っている人はもういません。たとえばコンビニもそう。少なかったらもっと作ればいいけれど、いますでにたくさんあるので、いま以上に新しく作ると既にあった店舗が不良債権化してしまいます。だから、**こんなに内部留保を貯める理由は説明がつかない**んです。

経済学的にはどうかというと、ケインズは「金利がゼロになればこれ以上はもう（内部留保を）増やす必要はない」と言っている。一方マルクスは「資本は権力の象徴なので無限のプロセスを繰り返す」と言っている。いまのグラフの動きを見ると、世界中の経営者はいわば「マルクス主義経営者」だと言える。

しかし、本来なら資本主義の主役である株式会社の経営者はケインズの考え方でなければいけないんです。資本は神秘的であるから国有化したほうがいいと考えたマルクスは株式会社を認めないのに対して、平等よりも自由を重んじたケインズは株式会社の存在を認めているのですから。ケインズの理論に従ってゼロ金利になれば、「利益はいらないですよ」と言っていいはず。なのにいまの経営者は、マルクスが150年前に言ったことを忠実に実行して、マルクスの予言どおり資本の操り人形になっているのです。

――平たく言うと、「いまの企業は投資はしないが留保はする」ということですか？

水野　はい。406兆円も内部留保があったら、そのうち相当分がキャッシュになっていますから、それを狙った投資家から買収を仕掛けられます。だから、買収されないように企業自体がM&Aをすることになる。

最近のニュースで言うと、東芝がアメリカの原子力会社を買ってそれが利益を生まないことがわかり、2016年度の決算では1兆円近い赤字を計上しました。2017年9月末時点で6200億円の債務超過となっています。406兆円もの内部留保があると何かやらなければいけないということになるけれど、何かすると大損をして大リストラをする。でも、リストラされる人はM&Aに決定権のない人です。その人たちがリストラされて、決定に関与している人は無傷のまま。権力は行使するが、責任は負わないという無責任体制となっているのです。

――次の表は、金融資産を運用していない世帯の割合です（次ページ図4）。これもすごい伸びですね。

出所：日本銀行「家計の金融行動に関する世論調査」（二人以上世帯調査）

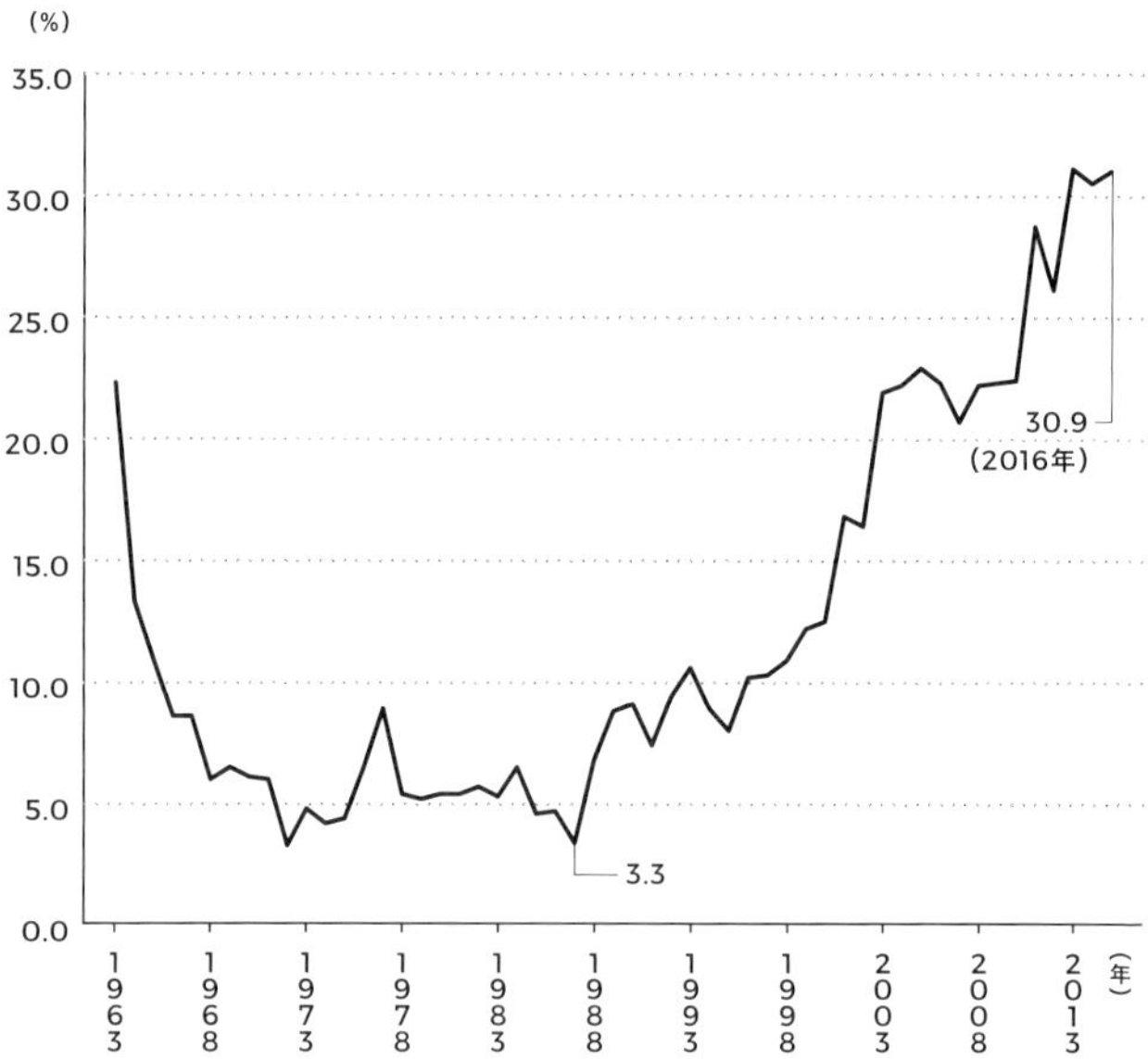

図4　金融資産を保有していない世帯の割合

水野 いま、3割の世帯が金融資産がない状態です。日本はバブル崩壊直前の1987年に、3・3%だったその比率があっという間に3割にまで上がってしまいました。金融資産がなくなって生活に余裕がなくなった家庭は町内会費も払えないから、公園の掃除にも行きづらいし、小学生の子どもがいても修学旅行の積立金も払えない。でも、そうした人々の存在は、多くの人、つまり残り7割の人たちの目にはつきづらいので、おのずと社会が分断され、コミュニティが崩壊していきます。

――僕も『物欲なき世界』を書くときにいろいろ調べたのですが、3年くらい前のデータを見ると、アメリカ人の成人の預金口座で1000ドル以下の割合が6割くらいなんだそうですね。アメリカ人はクレジットカードをやたら使うので、全て引き落とされると毎月1000ドルも残らないという。まさに綱渡りのような家計状況だということが調べてみてわかりました。

水野 日本経済は欧米の悪い点を追いかけているんですよね。

次の表は、先ほどの棒グラフと折れ線グラフを金額換算したものです(次ページ図5)。97年は賃金が下がり始めてデフレになり始めた頃で、その頃に比べいまは家計が27兆円減少していいます。一方、企業の方は37兆円増えている。しかもこれは2013年と2014年にも起き

出典：総務省統計局（家計）、内閣府（内部留保）

		1997年度 ①	2015年度 ②	増減額 （＝②－①）
家計	雇用者報酬（賃金・俸給）	245.2	223.7	-21.5
	利子（受取－支払）	8.4	2.7	-5.7
	合計	253.6	226.4	**-27.2**
非金融法人企業	営業余剰（純）	44.1	57.1	12.9
	固定資本減耗	72.0	77.5	5.5
	利子（受取－支払）	-17.0	1.8	18.8
	合計		136.4	**37.2**
国民総所得		540.0	552.1	12.1

図5　家計の減少と内部留保の増加

ている現象なので、累計すると家計は97年以降で１８０兆円ほど減っているんです。

ということはつまり、**企業の内部留保の３７８兆円**（２０１５年末時点）**のうち半分は賃金を減らすことで増やしたもの**だと言うことができる。これを正当化できる経済理論を作ったら、多分ノーベル経済学賞を受賞できるのではないでしょうか（笑）。

金利の低さは資本主義の先進国の証

——資本主義の末期症状として、水野さんは利子率の低下にも注目されていますよね（次ページ図６）。

水野　この図は左側からスペイン、イタリア、オランダ、イギリス、アメリカ、日本の金利です。６ヶ国しか書かれていないのは、そのときどきで最も低い金利の国を選んだ結果としての６ヶ国です。つまり、これよりも低い金利は存在しなかったということ。この６ヶ国は全て、かつては繁栄した国々です。16世紀にスペインのオランダ領より繁栄した国はありませんでしたし、イタリア・ルネッサンスのときは世界中の富がローマに集まっていました。

そもそも金利が何を意味するのかというと、１単位新たに投資したときに来年・再来年に何

出典：SIDNEY HOMER "A History of Interest Rates"、日銀「経済統計月報」

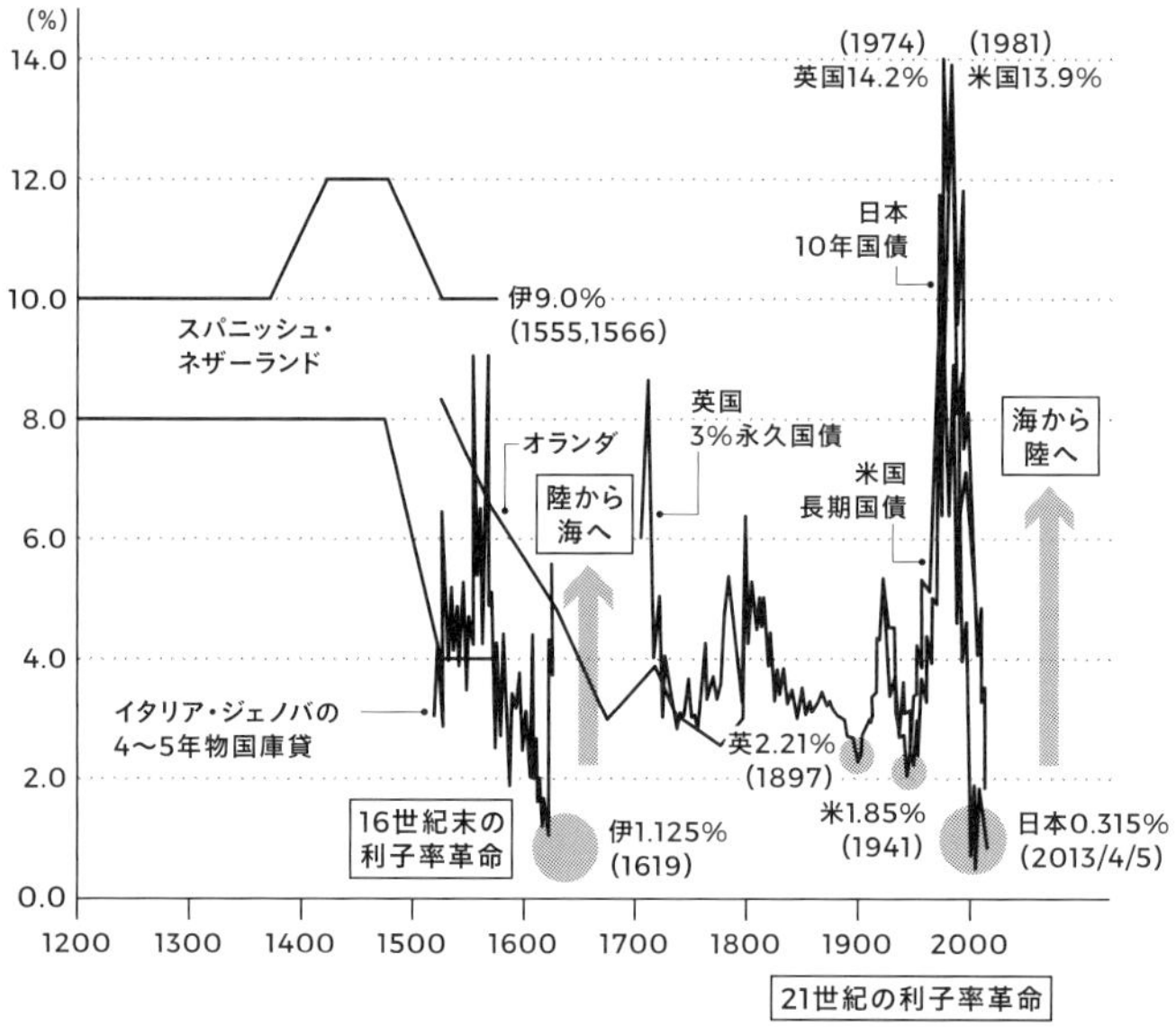

図6　先進各国の長期金利の推移

単位のリターンが返ってくるか、ということです。したがって一番金利が低い国は、一番資本をもっている国であると言えます。低い金利というのは喜ばしいことなんです。

日本の金利が低いのは、コンビニや自動車工場、タワーマンション、空き家、食品など、過剰なまでに財・サービスを供給できる資産を有しているからです。海外にも349兆円の純資産がある。19世紀はイギリス連邦が世界の工場でしたが、いま世界で一番資産をもっている国は日本です。

――低金利は資本主義先進国の証ということですか。

水野　そうです。資本主義は資本を増殖させていくのが目的ですから、一番増殖するのに成功した国だということになる。

イタリアの利子率が1・1％のときに何が起きていたかというと、1600年当時、イタリアにはもうこれ以上投資する場所はないと考えられていたんです。当時の歴史書にもそう書いてある。当時、一番儲かる産業といえばワイン産業であり、その当時は山のてっぺんまで耕作地にしたという記述が残っています。そして、あとは日当たりが悪いところと崖っぷちしか残っていない、という状況にまで至りました。**いまの日本も全く同じ状況で、これ以上投資する**

先がなくなっている。それで日当たりの悪いところにぶどうの木を植えたのに相当するのが21世紀のパネル工場であり、日当たりの悪い耕作地を購入したのに等しいのが、原子力会社の買収なのです。

換言すれば、日本はこれ以上資本を「蒐集《しゅうしゅう》」する必要はないというところまで蒐《あつ》めたということ。だから、日本と同じゼロ金利のドイツはいますぐG7なんかやめて、共通の課題をもつ2ヶ国で「資本主義の卒業式」をやればいい。さらに400年前の超低金利国イタリアを加えて三国同盟を結ぶのがいいと思います。

経済上、利子率がゼロになるのは望ましいことです。言い換えれば、利子率生活者の安楽死が望まれるということ。利子率生活者というのは資本家階級のことで、年間2000時間働かなくても生活できる人ですから。資本家階級は資本の希少性があるからこその存在が認められていたのですが、資本が十分行き渡れば、そういう人たちはゼロ金利下では安楽死せざるを得なくなるのです。日本はせっかく理想の社会になりはじめているにもかかわらずそうなっていなくて、資本を増やす成長戦略をとっている。日本は資本主義という学校から卒業したくないと、引きこもり症候群になっていると思います。しかも問題なのは、成長でなんとかなる人は、自分たちが引きこもり症候群だと自覚していないことです。

もう実物投資の世界では競争をやめてもいい

――いまこれだけ実物投資や利子率が低下しているのは、資本を拡大再生産できないということを示しているわけですよね。すると、資本主義はもう機能不全と言いますか、もうこれ以上先の領域はないのではということですよね？

水野　マルクス流に資本主義を「資本の増殖するプロセス」だと定義すれば、ゼロ金利が事実上もう十年以上続いていますから、実物投資は限界だと思うんです。それは、シャープのパネル工場の失敗とか東芝の実質的な倒産にすでに表れている。あるいは、クルマの燃費競争で燃費の改ざんをするような事件を見てもそうだとわかります。改ざんをしてライバルよりも数百メートル余分に走ったところで、つまりリッター当たり30キロでも31キロでも、軽自動車だったら近所しか移動しないわけですから、ほんとうは関係ないですよね。でも、不正をしないとライバルには勝てない。資本主義でも何でも、一応ルールの中で競争しているのに不正がまかり通っている現状を考えると、**もう実物投資の世界では競争をやめた方がいい状況になっているということなのです。**

――では、現実にそう思っていない人が多いのはなぜですか？　資本主義体制に長く私たちがどっぷりと浸りすぎてしまっていて、他のことは想像できないからですか？　それとも、資本主義には何かしら魅力があるからなんですか？

水野　私もよくはわかりません。経済界の人が「成長！　成長！」と言うのは何となくわかるんです。資本主義が高度経済成長を引っ張って、バブルのときも管理職でいい思いをした団塊世代がいま、社長になっているわけですからね。経済界は世代交代すればなんとかなるだろうけれど、政治の方は難しいと思います。政治家は投票で選ばれているのだから、資本主義をやめようという人が一人くらい出てきてもいいはず。でもそうなってはいない。

それは、**資本主義をやめたあとにどういう社会にするかの代替案が全くない**からじゃないかと思っています。日本で安倍政権の支持率が高いのも同じ理由だと思う。アベノミクスが成功するか否かが問われているのではなく、野党が代替案を提示できないから、それなら、これまでの経験に長けている自民党政権に投票しようということになるのだと思う。

「中心」と「周辺」を生み出す資本主義

――資本主義が末期的な状況になっていながらもそこから抜け出せないのは、私たちがグローバル資本主義の中に生きていることも原因のひとつだと思います。水野さんいわく、「グローバル資本主義とは、国家の内側にある社会の均質性を消滅させ、国家の内側に中心／周辺を生み出していくシステム」ということですが、これをご説明いただけますか？

水野　古代ローマ帝国以来、資本主義を含めて常に「中心」と「周辺」があったと思っています。たとえば、「全ての道はローマに通ず」という格言がありますが、これは富を全部ローマに集めることを意味していました。そしていまは、ウェブという道がウォール街に通じており、世界中の富がウォール街に集まって世界的な長者を生み出しています。

中世には教会システムがあって、教会が「中心」となっていました。天国に行くにはこれだけ寄付してくださいとか、寄付しないと百万年地獄をさまよいますよということが言われていて、ローマ・カトリック教会に寄進された富を集めていました。その後、帝国に代表されるような、「中心」が軍事力と官僚機構で支配する政治システムができ、いまでは資本が世界を支配するようになって、競争原理が導入され、競争の結果、富が「中心」に集まる仕組みになっています。

しかし、**「中心」が栄えるためには、常に「周辺」がなければなりません。**いままでの

IMF＝GATT体制は管理された資本主義であり、「中心」と「周辺」が南北問題という形で顕在化していました。概ね北半球の国が「中心」となり、南半球の国が「周辺」になっていたんです。

それがひっくり返ったのがオイルショックです。これにより、自分たちの地下に眠っている資源は自分たちのものだと気づいた中東の国々が、石油採掘施設を国有化していく。そうなると、富が今度は産油国に集まって、「中心」であるはずの欧米には集まらなくなってしまいます。

そこで登場したのがグローバル資本主義です。これにより、先進国の内側にも競争原理が持ち込まれることになっていきました。たとえば日本では、95年、いまの経団連の前身である日経連が、働き方の多様化に応えるため、労働者を幹部社員と専門職と非正規社員の三つに分けるといった内容を提言した「新時代の『日本的経営』」という報告書を公表しました。

もちろん、制度を作った人はまさか非正規社員がリストラの道具に使われるとは夢にも思っていなかったでしょう。けれど現実には、**競争原理が持ち込まれたことで、「中心」と「周辺」が国内に正社員と非正規社員という形で生まれている**のだと思います。アメリカでは「中心」が東海岸のウォール街と西海岸の「シリコンバレー」と「ハリウッド」で、グローバリゼーションが進行する過程で「周辺」化されたのが中部の「ラストベルト」の人たちです。いわば、２０１６年の大統領選挙は「周辺」の両海岸に対する反乱なのです。

資本主義はどのように終わるか

——資本主義がいかに末期的状況にあり、そこから抜け出せないのがなぜなのかがここまでよくわかりました。では、資本主義が終わるとしたら、どのようにして終わるのですか？

水野　それが、実は資本主義はむしろ元気になっているところがあります。

——元気になっている？

水野　はい。現在の資本主義は、実物投資空間から離れて電子・金融空間に主戦場を移しています。そして、ＮＹダウが史上最高値、日経平均株価も2万円ちょっと手前まで上がっている［編注：２０１７年1月時点］わけですから、別に金利で資本を増やさなくてもキャピタルゲインで増やしていけばいいことになっている。それにいまや、実物空間での成長を表すＧＤＰ成長率は１％前後なのに対して、ＲＯＥ（自己資本利益率）は８％に達し、政府は15～20％を目指せと圧力をかけている。もはやすっかり資本を増殖する場は株式市場に主戦場を移しているという状況です。
こんな感じで、資本主義が終わる気配が全然ない。どうしたものかと考えているところです（笑）。

――水野さんは「いま近代が反近代を作っている」と語っていますが、これは資本主義をはじめとする近代のシステムが行き詰まっているから、そうではない反近代的を作っているということですか？

水野　「近代は未完のプロジェクト」とよく言われていますが、私なりにその意味を解釈してみると、ここでいう近代とは資本主義のことじゃないかなと思うんです。資本主義は終わりを決めていないから無限に拡張していく。資本は権力の象徴なので、無限のプロセスになってしまう。近代の始めにコペルニクスが「宇宙は事実上〈無限〉でありコスモスの世界ではない」と言っているように、近代の出発の時点からして、資本主義の精神や空間の概念を含めた全てに終わりがないんです。
このことを考え合わせると、宇宙工場や宇宙マンションができれば、経済学で資本主義の限界と言われている土地の有限性から解放されるように思える。でも実際は、宇宙開発は現時点でそれほど進んでおらず、地球上の土地は有限なので開発していけば必ず限界が来る。**「成長！　成長！」と叫んでいても、いつかは限界が来て反近代の時代になる。**

つまり、「成長」を目指すということはフロンティアを広げることですが、フロンティアがなくなれば成長を目指すとだれかに損失を与えることになります。損失を計上するということは過去に成長したと錯覚して架空の利益を計上しただけだったのです。実体はマイナス成長に他ならないので、資本主義が収縮していくわけです。近代的な教育を受けた子供は「父親は近代的な教育を受けたのになぜリストラされるんだろう」と疑問に思い、「いい大学に入るってどういう意味があるんだろう」と疑念が生まれる。それが反近代的な動きにつながっていく。

たとえば東芝は、看板は東芝のままでいくと思いますが、今後は銀行あるいは政府が管理する会社になっていくので、事実上の倒産です。いままでの会社とは全く違うものになります。「より速く、より遠く」という近代のスローガンを実現した最も重要な産業なのに、電気・自動車産業がいま大赤字を出している状況を見ると、現実に資本主義の終わりが近づいているということには誰もが気づいていると思います。

――成長を求めない反近代の時代は、『ポスト資本主義』（岩波新書）などで知られる広井良

典さんが提唱する「定常型社会」とも近い概念なのではないかと思います。

水野　そうですね。いまは1人当たり約3万4000〜3万5000ドルの生活水準ですので、いまの状態を維持すれば十分豊かな生活ができます。もちろん、家計や企業収益の分配など考えなければいけないことはたくさんありますが、それは日本国内で解決できる問題です。

成長を求めない社会は、基本的にはあまり動かない社会です。成長は「より速く、より遠く」で実現されるから、成長を求めなくてよくなれば「よりゆっくり、より近く」な社会となります。これを資源の面から考えると、いまの快適な生活を支える化石燃料をどうするのかという問題に突き当たります。化石燃料はエネルギーのなかで最も瞬発力があって、「より速く、より遠く」を実現するのに欠かせないのです。化石燃料は昔に比べて必ず減っていくので、今後は自然エネルギーに頼らざるを得ません。しかし、太陽光や風力エネルギーは化石燃料ほど高速大量輸送への対応力がないので、今後は飛行機や新幹線のような瞬発力を活かした高速移動が難しくなってくると思います。だから、ゆっくり移動せざるを得なくなる。

つまり、**「より速く、より遠く、より合理的に」という近代社会の原理から脱し、「よりゆっくり、より近くに」ということを実践していけばいい。**そうすれば、化石燃料への依存からも抜けだすことができます。

いまは、資本主義が先に終わるのか、化石燃料が先になくなるのかが問題です。このまま資本主義が続いて先に化石燃料がなくなると、資本主義の資本増殖のために不可欠な資源の争奪戦争になりかねませんから。

――水野さんは「より速く、より遠く、より合理的に」という近代の考えのベースから脱却した先に、「よりゆっくり、より近くに」に加えて「より寛容に」ということも唱えていますよね。

水野　「より遠く」はコペルニクス、「より速く」はニュートン、「より合理的に」はデカルトの考え方です。というのも、その3人が近代の枠組みを作ったわけですから。

その少し前、寛容主義者のエラスムスはルターとローマ法王のどちらにも信頼されていて、宗教戦争の調停を依頼されたのですが、「相手を殲滅させない限り自分が正しいことを証明できない」という両派の考えを変えることができず、戦争を止めることができませんでした。キリスト教が内部対立で宗教戦争を行っている間に、コペルニクスがキリスト教の宇宙観である「閉じた宇宙」（コスモス）が間違っていると主張したため、「神」を頂点とした秩序を構成していたキリスト教社会が崩壊しはじめ、「科学」中心に合理的に考える社会にかわっていったのです。合理主義はサイエンスやテクノロジーと結びついて、20世紀はテクノロジーの時代になっていきます。これがいま、限界に来はじめているのです。

中世が限界を迎えたとき、ルネッサンス期のイタリア人たちが古代ギリシャの思想を取り入れたように、現代社会もひとつ前の時代へと遡るんだと思います。人類の歴史は実験の繰り返しです。**近代がうまくいかなくなってきたら、一昔前の中世の人たちがやっていたことの中に良さを見出し、いまに適用すればいい。**

エラスムスの話で言えば、中立的な立場の人が寛容的な立場でもって、いまの「より速く、より遠く、より合理的に」派と「よりゆっくり、より近く、より寛容に」派の間の神学論争を終わらせる必要があるということです。

資本主義をソフトランディングさせる

——そうするとなおさら私たちは、終わらない資本主義をどう終わらせるかを具体的に考えていく必要があると思いますが、個々のビジネスの中で何かできることはあるのですか？

水野 資本主義を強制的に終わらせるわけにはいかないので、ソフトランディングするしかないと思います。**ソフトランディングするためには、まずは株式会社が現金配当をやめる必要がある。**「より遠く」という原則は地球の裏側の人も株主になって経営に口出しすることを可能にします。しかし、資本が過剰になれば、利益を極大化することにしか関心のない人に資本を提供してもらう必要はなくなります。「より近く」の株主だけで十分になります。自由の原則を重視したままで遠くの株主には遠慮を願うには、現金配当を止めサービス配当に切り替えればいいのです。たとえば、利益を年間で50兆円も出さないで、まさかのときに備えて10兆円くらいを内部留保に回しておきつつ、残りの30兆円はサービスとして還元するか、10兆円くらいをサービス配当にして、残りは賃金として全部労働者に還元する、というのはどうでしょうか。20兆円を賃金として還元すれば資本の自己増殖もしなくてもいいわけなので、いまのままの賃金で働き方も変わる、非常にいい社会になるんじゃないかなと思います。

——そういう会社や集団は誕生しつつあるんですか？

水野　数は少ないですが、その兆しはあります。たとえば、ドワンゴの川上量生・前会長は売上高営業利益率を上げることを目標にしていません。彼は、売上高人件費比率と売上高研究開発費比率の合計値が高くなるように会社を経営しています。「そんなことをすると株価が下がりますよね」と伺うと「株価が下がっても別にいいよ」と言うんですね。また、ある財閥系企業の新年の挨拶でも、社長自らが「我が社は株主のための会社ではありません。従業員のための会社であり、自分たちの取引先の会社のためですよ」と言っていました。「株主総会でもそれを言いますか」と聞いたら「それはさすがに言わない」と言っていましたが（笑）。

――資本主義が簡単にソフトランディングしない場合は、グローバル資本主義の暴走を抑える必要がありますよね。水野さんはそのためには「世界国家を想定せざるを得ない」（『資本主義の終焉と歴史の危機』より）とも仰っています。

水野　でも、いまとなってはそれはちょっと無理かなとは思いつつあります。世界国家に近づくためには世界最強の国であるアメリカの大統領が重要な役割をはたさなければいけないのです。大統領には権力と権威の両方が必要ですが、いまの大統領には権威がありません。**権威のない人が世界国家を提唱しても、誰もついてきません。**それに、核廃絶、武装解除をしなければ世界国家はできないわけですが、選挙中に「日本や韓国も核武装すればいいじゃないか」などと言ってしまうトランプさんを見ていると、それはいまは難しいと思います。

――『21世紀の資本』を書いたトマ・ピケティも「国を超えた課税」を唱えて世界中からかなり叩かれていましたが、彼は一貫して「それしか方法はない」と言い続けていますね。

水野　世界国家ではなくとも、ＥＵのような小さい単位で集まる必要はあると思います。あれくらいの単位でまとまって域内で暴走を抑えなければならない。そうして、できるところからやっていくのです。日本はこれまで近隣国との仲間づくりを全くしてきませんでしたが、これからは政治家も好き嫌い関係なく、ちゃんと外交をする必要があると思います。

そのためにまずは、**グローバル企業がいまの海外進出のあり方を変えなければいけない**と思います。私は、企業が海外に出ていくというのは形を変えた帝国主義だと思っています。海外で作った工場で超過利潤があがったときに、日本に利益を還元せずその国で再投資するのであれば、相手国からも受け入れられるだろうと思います。でも、いまの日本企業のグローバル化は「日本国内だと儲からないから人件費の安い海外に行って儲けて、そこで超過利潤を得て国内の配当に回そう」という考えなので、相手国は「この工場は自分たちのために再投資するわけではない」と思ってしまう。何年か経つとみんなそのことに気づき始めて、いずれその会社はその国から受け入れられなくなるでしょう。だから、**グローバル化するのであれば、その国の人のために、という考えがないといけない**と思います。

日本は優位な立場にある

――なるほど。水野さんは「難しい転換期において日本は新しいシステムを生み出すポテンシャルという点で、世界のなかでもっとも優位な立場にある」(『資本主義の終焉と歴史の危機』より)とも仰っていますが、どういう優位性があるのですか?

水野　日本は資本主義の卒業式を迎えられるのに、アメリカはまだ卒業できる状況にありません。卒業の基準は長期金利が1・5%以下で、アメリカを除いたG5は全て当てはまるんです。こうした国は卒業式をやっても良くて、特に0%の日本は近代の卒業式で表彰状をもらえるレベル(笑)。BRICsのような準先進国はもっと快適な生活をしたいという国民の声があって、政権もそれに応える必要がありますから、高価な化石燃料を前提に近代を追いかけなければいけない。でも、日本は既にその段階に到達しています。利便性の観点で言えば、現在、日本にはルイ14世くらいの生活水準で暮らしている人が200万人いるようなものですから(笑)。「21世紀の社会はこうします」と日本が言えば、アメリカもいずれは「日本はこういうことをやっているなあ」と見習って金利を1・5%以下に下げるのではないでしょうか。いまは、21

世紀の新しいシステムをどういう風にしていくか、「この指とまれ」状態の競争が始まっていると思います。（了）

2017年1月20日収録

6

これからのメディア

原点回帰の兆しのなかで
メディアと個人が勝つ方法

佐々木紀彦

Norihiko SASAKI
NewsPicks編集長。1979年福岡県生まれ。慶應義塾大学総合政策学部卒業、スタンフォード大学大学院で修士号取得（国際政治経済専攻）。東洋経済新報社で自動車、IT業界などを担当。2012年11月、「東洋経済オンライン」編集長に就任。リニューアルから4カ月で同サイトをビジネス誌系サイトNo.1に導く。2014年7月から現職。最新著書に『日本3.0』（幻冬舎）。ほかに『米国製エリートは本当にすごいのか？』『5年後、メディアは稼げるか』（ともに東洋経済新報社）の著作がある。

紙からネットへ、マスメディアの大きな変革の波を体現するかのように、紙の『週刊東洋経済』から『東洋経済オンライン』の編集長に就任し、ビジネス誌系№1のサイトに成功させた後、ウェブのニュースメディア『NewsPicks』（ニューズピックス、カタカナ表記に統一）の編集長へと転身した佐々木紀彦さんは、『5年後、メディアは稼げるか』などの著作を含めて、これからのメディアの在り方について積極的に言及している一人だ。メディアが変化すればするほど、実は原点回帰するという彼の説は、多くのメディア関係者のみならず、すべての人がソーシャルメディアによって発信者になった現在において、実に勇気づけられる発言ではないかと思う。

アメリカ留学体験を含むグローバルな視点を伴って、つい見落としがちになるメディアのマネタイズという冷徹な経済性、そしてメディアの黎明期を支えたジャーナリストたちの意義の両立を志し、メディアの新しいモデル作りに挑む彼の方法論を伺った。

デジタルが主役から
紙とデジタルの融合が主役に

——佐々木さんとともに「これからのメディア」について考えていくにあたり、まずはいまのメディア事情を見ていきたいと思います。

ここに、テレビ、オンライン、紙の新聞、ソーシャルメディアといったメディア別に「主要なニュース情報源だと考えている人」の割合を示したグラフがあります。これを見て佐々木さんはどう思いますか？

佐々木　大局的に見るとどの国もあまり差はないですね。ただ、日本ではプリントメディアがいまも強いというのが特徴的です。このことは肌感覚でも理解できますね。

僕は、プリントメディアがこれから生き延びていくかどうかは、メディアの種類によると思うんです。新聞はもはや伸びていくことはないだろうし、雑誌も終わっていくしかないでしょう。でも、紙の本については、アメリカではまだ伸びています。日本でも、紙の本は残っていくと思いますね。

なので、プリントメディアと一言で言っても、オンラインに向いているかどうかは、やはり媒体や分野によって違うんですよね。なかでも新聞はもっともウェブに向いているので、紙からウェブへのシフトは進んでいます。ビジネス誌も情報が早いほど価値が高いと見られるので、親和性の高いウェブに向いていくと思います。僕が古巣の会社でやっていた「東洋経済オンライン」などは典型かもしれません。

一方、紙媒体として残る可能性が高いのはデザイン誌やファッション誌です。それと、２００ページ以上あるような単行本や新書などの長い読みものはウェブで読んでいると疲れるので、やはり紙のまま残る可能性が高いと思います。

――佐々木さんは、２０１３年に上梓した著書『5年後、メディアは稼げるか』（東洋経済新報社）で、「メディアの新世界で起きる7つの大変化」を挙げていますね。この本の出版から4年が経った現在、現状がどうなっているかも含めて、ひとつずつ解説していただきたいと思います。

まずは「紙が主役 → デジタルが主役」。これはよく言われていることですが、現在もそうですか。

佐々木　たしかに「紙が主役」から「デジタルが主役」になりましたが、いまは「紙とデジタ

注：2015年1月・2月に各国で実施されたオンライン調査に基づく(回答者は2000人以上)
出典：Reuters Institute for the Study of Journalism

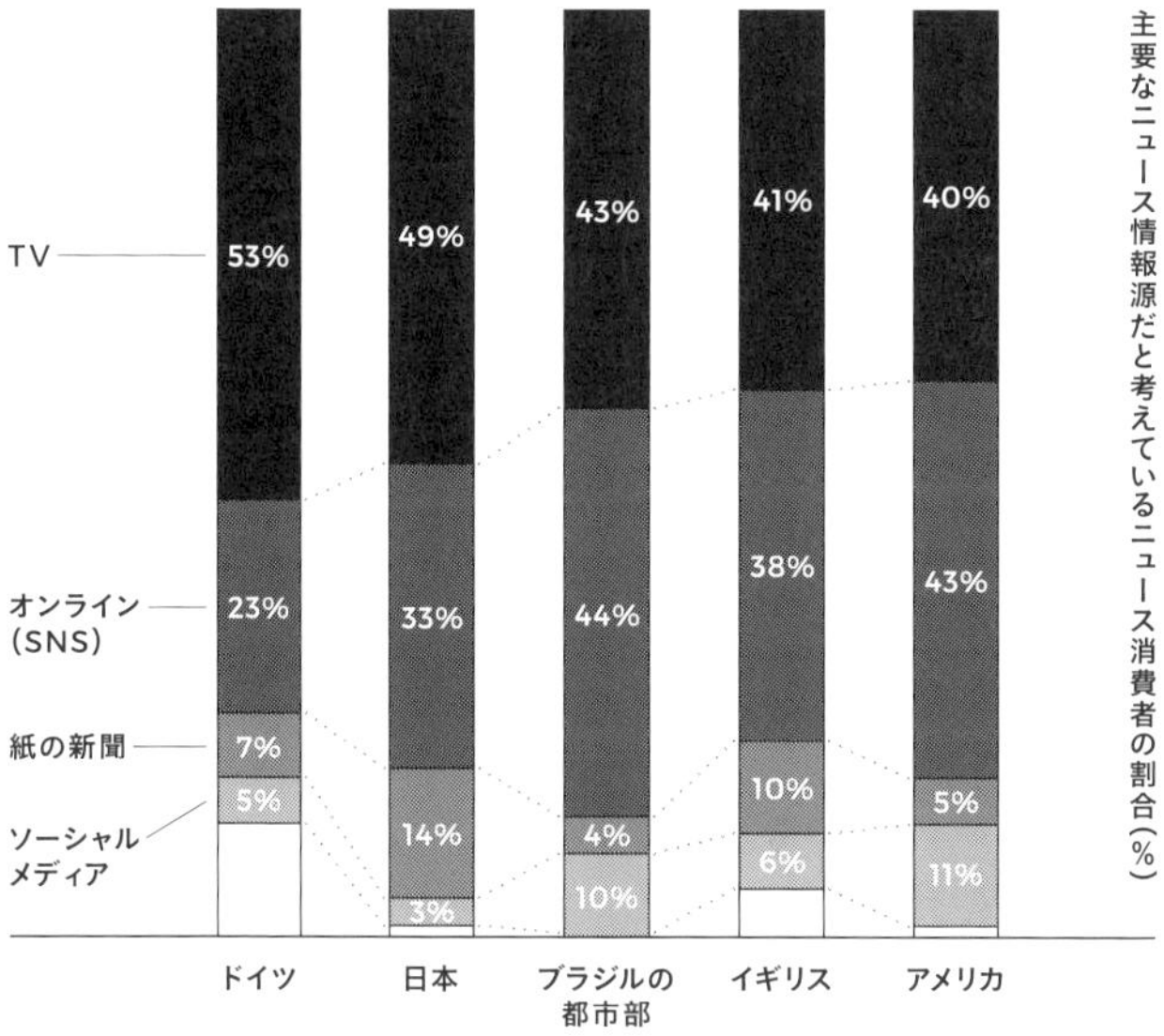

図　各国における主要なニュース情報源（メディア別、Reuters Institute for the Study of Journalismが、2015年1月・2月に各国2000人以上を対象にオンラインで調査を実施）

ルの融合が主役」になりつつあります。とくにアメリカでは、紙とデジタルを分けるという発想自体が古くなってきている。日本はまだそういう段階に達していなくて、「デジタルが主役」の段階にいるのかなという感じがします。日本の感覚は、アメリカに比べて5年から10年くらい遅れているように思います。

――たしかに、2011年ごろのニューヨークの地下鉄では、びっくりするくらいみんながタブレット端末を持っていたけれど、その2年後、再びニューヨークの地下鉄に乗ると、タブレットを持っている人は激減していました。多くの人が紙の本を読んでいて、時間の使い方が変わったんだと思いましたね。タブレットをクールに思えなくなったのかなと……。

佐々木　クールに思えなくなったとしても生理的に受け入れられるものは続くじゃないですか。だとすると、生理的に紙のほうが受け入れやすかったということなんでしょうね。

――次に、二つめの変化として「文系人材の独壇場→理系人材も参入」を挙げていますね。

佐々木　スマートニュースなんかがよい例ですね。エンジニアの人たちばかりが働いています。

でも、思っていたよりこの変化の到来は遅かったかなとも思います。メディア業界あるいは日本社会全体で、理系人材と文系人材がうまく融合していない。これは非常にもったいないことだと感じています。結局、文系には〝テクノロジー音痴〟があまりにも多すぎるし、理系にはあまりにもアートや文系的な知をもっていない人が多い。日本の文系型人間と理系型人間の分断状態が、あらゆる業界で問題になっているんじゃないでしょうか。

このあたりにもアメリカとの差を感じますね。先日、僕のやっているニューズピックスで、フェイスブックの創業者マーク・ザッカーバーグが読んできた本について特集を組んだんです。それが過去最高くらいのピックス数になって、読者はみな一様に「シリコンバレーの起業家は、生物学とか歴史とか、幅広く学んでいるんだ」などと驚きのコメントを寄せていました。日本の起業家はそういう感じではないですもんね。

データとコンテンツの両方をやっているメディアは強い

――三つ目の変化として「コンテンツが王様→コンテンツとデータが王様」を挙げていますね。

佐々木　「ユーザーがなにを欲しがっているか」のデータを仕入れて、それに応じてサービスやモノをつくっていく、と。つまりデータとコンテンツの両サイクルが上手に回っていくと最高の成果を上げられるということです。

でも、ページビューばかり気にしすぎると、コンテンツは似たようなものばかりになるし、「ウェルク」で起きた不正転用のような問題も起きやすくなります。かといってデータがなさすぎても、エディターの山勘とか思い込みを頼りにコンテンツをつくることになるので、読者のニーズと乖離していくおそれはあります。**データとコンテンツの両輪があってこそ、よいモノがつくれる**と思うんです。

この変化について言えば、ネットフリックスの台頭は好例ですね。ネットフリックスはビッグデータの使い方が巧いと思います。チーフ・コンテンツ・オフィサーのテッド・サランドスが来日したときにニュースピックスで取材したのですが、どの監督に任せるかやどんな作品にするかという大きなところではデータを使いまくる一方で、細かいところにはまったく口出ししないと言っていました。選ぶべきところだけにデータを使っているのが巧いと思います。優秀なクリエイターほど細かく介入されるのが嫌なものですから、それをやっていないところは偉いと感じますね。

――コンテンツについて言うと、佐々木さんは「コンテンツを売った『後』が肝心」（『5年後、メディアは稼げるか』より）と述べていますが、これはどういう意味ですか？

佐々木　コンテンツをユーザーに売ったあと、ユーザーがどういう行動をしたかを分析したり、あるいはメールマガジンなどでフォローして同様のコンテンツにさらに触れてもらえるようにしたりする、つまりアフターフォローが大事だということです。これまで記者や編集者は「後」のことを考えなくても済んでいたので、なかなかそういう発想が起きませんでした。でも、これからは売った「後」もフォローしていかなくてはなりません。そうしたことをするほうが利益率は高くなります。

――四つ目の変化として「個人より会社↓会社より個人」を挙げています。

佐々木　これまでジャーナリズムやコンテンツの世界では一人でいろいろなことをするのはむずかしかったので、「どの会社に所属しているか」が重視されていました。けれども、これからは一人でもある程度、能力を発揮できますし、優秀な人物であれば会社に従うのでなく、会社から寄ってくるような構造になっていくと思います。

戦前のジャーナリストは会社に対する忠誠心なんて必要なくて、社会に対してなにを発信するか、そして自分の腕を常に磨いているかが大切だったんです。その後、戦後70年が経って、いつの間にか〝サラリーマン・ジャーナリスト〟しかいなくなってしまいました。今後は、デジタル化によって、かつて存在した意義が戻ってくるということを言いたかったんです。

では、どんなジャーナリストなり人物なりがこれからのデジタルの世界で活躍するか。僕は**「個人のキャラクター」がものを言うようになる**と思っています。主観を抑えて事実を淡々と書いたような記事より、個人の色がにじみ出ているような記事のほうがよく読まれるんですよ。

――なるほど。そして五つ目で、「平等主義 ＋ 年功序列 → 競争主義 ＋ 待遇はバラバラ」としています。これはもう起きているという感じもしますが。

佐々木　そうですね。引き抜きもけっこう増えていますし。とくにデジタルの世界では、競争主義の度合いは強いですね。データで自分の競争力が見えてしまうので。自分の書いた記事に、何人のユーザーがお金を払ってくれたのかといったデータが毎日、見られるわけです。かつては、新聞のどの記事を何人が読んだかといったことはブラック・ボックスでしたが、いまはそれも見えてしまう。過酷な世界になってきた感はあります。

――これから競争は激しくなる一方なんですか？

佐々木　方向性の選択によると思います。経営陣やマネジメント層の知恵によって、どのように〝よい競争〟にもっていくか。それがうまくいけば、競争の質は上がっていくと思います。メディアの世界はただ数字がとれればよいというものではないので、数字だけで競争していくと歪んでいくと思います。読まれなくても大事なニュースはありますよね。

――次に、六つ目の変化として「書き手はジャーナリストのみ→読者も企業もみなが筆者」と述べています。これも実際に起きていますよね。

佐々木　僕のやっているニューズピックスは「読者も企業もみなが筆者」の典型ですね。書き手でなかった読者の方々がブログなどを始めた流れから、「みなが筆者」がずっと続いているわけです。そうしたなかで近ごろは企業も「筆者」に入ってきました。企業が客に向けて、所有しているいろんな媒体を使って発信するオウンドメディアの取り組みがどんどん洗練されてきていますからね。

けれども、この流れは一巡したような気がします。これからは、読者がコンテンツをつくるようなコンシューマー・ジェネレイテッド・メディア（CGM）もクローズドなものになっていくと思います。いろいろな人が書くプラットフォームというのは混雑してしまうというか、なにもかもが読まれるわけではありませんので。テクノロジーやプロの編集力を使って、〝選ぶCGM〟にしないと機能しなくなっていく気はしますね。

ビジネス音痴では編集者は通用しなくなる

——最後に七つ目の変化として「編集とビジネスの分離 → 編集とビジネスの融合」を挙げていますね。どんな例がありますか？

佐々木　これまでは、ビジネスをわからない人が編集をしてきたわけです。でも、そんな編集者が取材をすると、いまでは「あんた、ビジネスのことわかっていないのに、なんでそんな偉そうに質問してくるの？」と思われるようになってきました。

ビジネスをわかっているほうがよい取材もできる。コンテンツをつくれる人のほうが新しいビジネスを生み出せる。そんな気がします。

とくに日本の社会では、ビジネスの能力と編集の能力が分離されているわけではないので、コンテンツのつくり手として尊敬されないと経営陣にすら入れないといった風潮はある気がします。医者の世界と似ているかもしれませんね。

ビジネスのことをわからないまま編集や記者がえらそうにしてしまうと、いまの時代は失敗すると思います。逆に、いまは経営の素人っぽい人が経営陣にいる組織がまだ多いので、メディアビジネスの進化が遅くなっているのだと思いますね。

――いまの話に関連して、佐々木さんは『5年後、メディアは稼げるか』で、ドットコム・サイトのチーフ・プロダクト・オフィサーであるルイス・ドヴォーキンが掲げる「起業家的ジャーナリズム」という言葉を示していますね。この言葉について説明していただけますか？

佐々木　ドヴォーキンは元記者であり、かつ『フォーブス』のデジタル版を急成長させた人物です。彼の言う「起業家的ジャーナリズム」は、経営者としての素養とジャーナリストとしての素養を両方もっているということです。日本人で言えば、糸井重里さん、佐渡島庸平さん、角川歴彦さん、川上量生さんのような方々です。ドヴォーキンが言うように、あるゆることに万能な人にならないと、変化の時代にリーダーにはなれないという話ですね。

たしかに、そんな人物になるのは簡単ではないです。いろいろ経験してみないと能力は得られませんし。とくに日本は職人文化なので、いろいろなことができるような人はあまり目指されません。だから、自然発生的にそうした人物が生まれてきづらいとは思いますね。

メディアが稼いでいくためのキーワード　イベント、物販、教育、そして……

――ここまで説明していただいた「変化」の時代には、メディアあるいは個人がどう生き延びていくかが課題となっていくと思います。佐々木さんはこれからの「メディアの稼ぎ方」についても、８つのキーワードを掲げて述べていますよね。順に説明していただけますか。

佐々木　ひとつは「**広告**」です。これこそがウェブサイトの主軸となる収益モデルであり、最近はアメリカで「ブランドコンテンツ」とよばれる新商品が大ブームになっています。ブランドコンテンツは、単純に言うと記事広告のことなんですが、露骨に商品を宣伝するのではなく、その企業が大切にしているコンセプトを記事で伝える型のものです。たとえば、サイボウズという会社が「働くママたちに、よりそうことを。」というムービー動画を出していました。サイボウズはグループウェアの開発や販売をする企業であり、動画の内容は直接的な事業とは関係ないけれど、コンセプトをコンテンツ化したわけです。

二つめは、「**有料課金**」です。「メーター制」、つまり一定量までの情報は無料で提供され、さらに多くのコンテンツを得るにはお金を支払うというしくみが世界中で主流になりつつあります。たとえば、記事10本までは無料で読めるけれど、11本目からは課金します、といったようなものです。日本経済新聞や朝日新聞もやっていますが、いちばんの成功モデルはニューヨーク・タイムズです。読者が読みたいと思う記事の数が圧倒的に多くないと厳しいので、新聞向きかもしれませんね。

三つめは「**イベント**」。とくに僕がイベントで鍵になると思っているのは「オンラインで」ということです。リアルなイベントには参加人数に上限があるので、売上にも限りがありますが、オンラインには人数制限がない。だから、オンライン上でリアルとおなじ臨場感やわくわく感を味わえるテクノロジーを開発できるかが鍵になってくると思います。インタラクティブ性をもたせてイベント参加者がコメントできるようにしないと、退屈して見なくなってしまいます。

四つめの「**ゲーム**」は、非常に人気があるニューヨーク・タイムズのクロスワードパズルのようなものを考えています。

五つめは「**物販**」。糸井重里さんの「ほぼ日」が上場しましたが、「ほぼ日手帳」などのモノの企画や販売を収益源にしています。「ほぼ日手帳」の売上は60万部を超えています。「ほぼ日」は、ほかのウェブのほとんどが広告を出しているなかで、かたくなに広告を受け入れず、物販で勝負したところがすごい。岩佐十良さんが編集長をしている『自遊人』という雑誌も、お米や醤油や家具などを売っていて、おもしろいメディアだと思います。また、タイラー・ブリュレが創刊した『モノクル』もそうです。

六つめは「**データ販売**」。これはコンテンツをデータとして売るということです。分野的にいちばん上手く行っているのは経済メディアだと思います。たとえば、東洋経済新報社は『会社四季報』のデータを証券会社やほかのメディアに売っていて、莫大な収益を上げています。日本経済新聞の「日経テレコン」もデータ販売で大成功している例ですね。

七つめは「**教育**」。「教育」はメディアが稼ぐための大本命かもしれません。実際、稼げている例もあって、教育とメディアの相性はよいと思います。メディアはそもそも大人にとっての学校という要素があるわけで、それを社会人教育や子ども向け教育に応用すればいいわけなのですから。

最後は**「マーケティング支援」**。これは、いわゆるコンサルティングのことを言っています。ただし、あまり増えていないと思います。ただ地方紙は、地場に根付いているとやりやすいので、応用できる可能性はありますね。

――佐々木さんはこれらによる稼ぎ方について「ウェブメディアの場合はアドネットワーク依存に陥らないだけの人気とブランド力と広告の営業・企画力が必要になってくる」と述べています。ウェブメディアが「ブランド力」をつけるにはどうすればよいと？

佐々木　難しいですが、ひとつは、大手メディアと一緒に仕事をして、その既存のブランド力を借りるという手はあると思います。

もうひとつは、やっぱりモノをつくること。ウェブ空間だけでブランド力をつくるのはかなり難しいです。さきほどの「ほぼ日」も、手帳という具体的なモノがあったからブランド力が高まったのだと思っています。とくに日本人には抽象的な何かだけでは信じてもらいにくく、実際に存在するモノが好きなので、ウェブほどモノをつくることを意識したほうがよいかもしれません。

それと、「場所」をつくることも効果的だと思います。代官山蔦屋書店のような空間でいろんな方を招いてイベントをやるといったことは、ウェブメディアほどやったほうがよいですね。「聖地」みたいなものがあるとブランド力は高まると思います。そして大切なのは、その「聖地」に人びとが訪れることを習慣化させるということですね。

プラティッシャーこそウェブメディアが勝つ方法

――今後、それぞれのウェブメディアが成功を収めるか、いわば稼げるかどうかを考えたとき、佐々木さんはこんなこともおっしゃっていますね。つまり「プラティッシャーこそウェブメディアが勝つ方法だ」と。この「プラティッシャー」というのはなんですか？

佐々木　一時期アメリカで流行った言葉なんですが、「プラットフォーム」(platform)と「パブリッシャー」(publisher)を組み合わせた造語です。つまり、プラットフォーマーとコンテンツメーカーが一体化したような存在こそが競争に勝てるということを言いたかったんです。**プラットフォームとコンテンツの二つがないと、高い収益を上げることが難しい。**もしコンテンツがないとしたら、たとえばヤフーがそうだったように、流通として圧倒的な独占状態をとるといったモデルを築くしか、継続的に高い収益を上げる道はないように思います。

プラットフォームをもっておくことの大切さは、やはりデータをとれることにあります。ユーザーと常につながっていないとデータがとれないし、どういうコンテンツをつくればよいのかわかりません。いま、そうしたプラットフォーム的な機能が欠けている組織も、意志さえあれば構築できると思います。たとえば質の高い自分たちのアプリをお金をかけてつくるとか、要はそういうことを決断するということです。そして、一時的にでもヤフーが自分たちのニュースをとれないようにする。それによりヤフーからの収入は減るけれど、そういう時期があったとしても自分たちの〝直営店〟できちんとニュースを売るんだという決断は重要であり、これからはそうした傾向は強まってくる気がします。今後は、ヤフーと他メディアのせめぎ合いが相当に加熱すると思いますね。

編集者であり経営者であることの価値は高まっていく

――ひとつだけ強みをもってそれを活かすのでなく、複数の強みをもってそれを相互作用させていくことがこれからのメディアや組織では大切になるわけですね。個々の人にも目を移す

と、いろんな材料を扱ってコンテンツをつくりあげる編集者の存在はそれに似ている気がします。

佐々木　そうですね。これからの時代を考えると、記者よりも編集者の価値が高まるし、さらに言えば、やはり編集者よりも編集者兼経営者の価値が高まると思っています。

まず、速報系の記事の価値はこれから落ちていくので、そうした記者の価値は下がっていくと思います。一方で、編集者の価値が高まるというのは、編集者が極端に少ないからです。新聞社には編集者が一人もいないと言ってよいのではないでしょうか。ファッションの領域には優れた編集者は多くいるけれど、報道やニュースの世界では編集者は本当にいないですね。東洋経済新報社にもいませんでした。

いま、編集の対象は動画、音声、写真、文字、イベントと、選択肢が無数にあります。かつ、それぞれの分野の枠がどんどん溶けていて、いろいろな分野を興味をもってつなげられる時代です。だから、編集者はこれだけ揃っている材料を活かす「シェフ」にならなければならない。切る専門や炊く専門といった職人的な仕事のしかたでなく、切る、焼く、炊く、盛りつける、すべてをこなせるシェフ的な仕事のしかたをする人の価値がこれから飛躍的に上がるだろうと思います。3年半前にこのことを考えましたが、いまもこの意見は変わっていません。

――編集者であるだけでなく、編集者兼経営者であるほうが価値が高いと？

佐々木　やはり編集者も、ビジネスにつなげられないと、人に使われる立場で終わってしまうと実感します。編集スキルもあって、お金儲けにも秀でているという方は、収入的にも影響力的にも成功すると思います。**「編集×ビジネス」は最強**だと思いますよ。

日本でも、編集者兼経営者のロールモデルができればいいのにと思っています。『VOGUE NIPPON』と『GQ JAPAN』の編集長だった斎藤和弘さんは、コンデナスト・パブリケーションズ・ジャパンの経営者でもあったので、かなりそのロールモデルに近い存在だったかもしれません。あと、幻冬舎の見城徹さんも編集者と経営者を融合したような方ですよね。

――戦前の歴史を顧みると、編集者やジャーナリストたちが日本のメディアをつくり出したわけですよね。たとえば、福沢諭吉、石橋湛山、菊池寛らが、日本の論壇や文壇をつくってきた。これらの人物は、ジャーナリストであり経営者でもあったんですよね。

佐々木　そうですね。創業者に近いかたちにならざるをえなかったんだとは思いますけれども。

こうした人たちが戦前に創業をしたために、戦後70年のメディア人は、新しいモデルをつくらなくても大丈夫だったんです。電通を経営した吉田秀雄さんが「吉田モデル」を築いたくらいで。新聞の宅配ビジネスも毎日新聞が19世紀につくったものですし、雑誌の取次も昔からあったと思います。本当の意味でビジネスがつくられたのは戦前で、戦後のメディア人はそれを進化させるだけでよかったんです。

でも、**いまはまたゼロからビジネスをつくらなければならない時代です。**ゼロからビジネスをつくった先人の方々から学ぶことは、会社の先輩から学ぶことよりも多いと思います。

メディア人のサラリーマン化を成功モデルで変えていきたい

――佐々木さんは、変化の時代に稼ぐことや、プラティッシャーであること、また編集者兼経営者であることなどを、ニューズピックスというメディアを通じて具現化しているのだと思います。ニューズピックスには、「プラットフォーム」「ソーシャル」「オリジナルコンテンツ」という三つのアイデンティティがあると佐々木さんは言っていますが、それぞれ説明していただけますか？

佐々木　「**プラットフォーム**」というのはさきほども出てきましたが、一言で言えば「キュレーション・メディア」、つまり特定のテーマや切り口で記事をまとめて共有する媒体であることを意識しているということです。80以上のメディア・パートナーのニュースを集めています。「**ソーシャル**」というのは、読者がコメントを書けるということです。ニューズピックスが配信するニュース記事に対して実名でコメントをすると、それが多くの人たちに伝わっていきます。ユーザーの人たちといっしょにニューズピックスをつくっていくという構造をとっています。

そして「**オリジナルコンテンツ**」というのは、われわれがコンテンツメーカーであるということも示しています。スマートニュースやグノシーなどには編集部がありませんが、ニューズピックスはネットフリックスのようなかたちで、キュレーションもするけれど、オリジナルコンテンツをつくることもあるよ、と。たとえば、「イノベーターズ・ライフ」というシリーズは起業家たちの人生を辿ったもので、ニューズピックス版「私の履歴書」です。そうしたオリジナルの記事を掲載しています。セブン‐イレブンが「セブンプレミアム」の商品を店に出しているようなものです。

――「ソーシャル」を掲げていますが、ほかの読者と自分の選んだニュースや自分のコメントをシェアできるのは大きな要素なのですか？

佐々木　そこは「ソーシャル」のアイデンティティとして大きいし、これを実現できているニュースメディアはまだあまりないので、差別化する意味でも大きいですね。

ニューズピックスには、読者自身がほかの読者に伝えることで、指数関数的にユーザーが増えていくというメカニズムが入っています。フェイスブックやツイッターと似ていますが、**ユーザー自身が営業マンになってユーザーを増やしてくれる**といった構造は、われわれの強みのひとつになっていると思います。実際、広告を打たなくても順調にユーザーが増えていますから。ソーシャルな機能があることにより、ビジネス面でもネットワーク効果が効いてくるので、そこはニュースピックスがほかのメディアと違うところですね。

――今後、ニューズピックスをどんな方向に発展させようとしているのですか？

佐々木　これまでのニューズピックスは、ビジネスを立ち上げる、スタートアップの方々中心のメディアで〝スタートアップ村〟みたいなものでした。これからもそうした方々に読んでいただきつつも、大企業の人たちにも読んでもらえるようターゲットを広げていかなければいけないと思っています。それがひとつですね。

あとは、デジタルとアナログのあらゆるメディアの融合を意識して、今後はアナログ的なこともかなりやるだろうと思っています。ある種の原点回帰ですね。

――ネットの時代、アメリカが先行しているなかで、日本のメディア人はどのように対抗していけばよいと思いますか？

佐々木　技術面ではたしかにアメリカが勝っていますが、真似をしていけば日本のメディアも成熟できると思うので、大きな問題ではないと思います。

むしろ、ジャーナリストや編集者、また個々のプロフェッショナルな人たちがどうなっていくかという問題に尽きるんだと思います。メディア業界にいる方は、基本的には優秀な人が多いですが、うまくポテンシャルが生かされていないというか、やっぱりサラリーマンになっている感じがするんです。だから、そこを変えていきたいですね。

それには**成功例をつくること**が必要だと思います。ニューズピックスはまだ50人、親会社を含めて２００人の会社ですが、人事制度に年功序列などないですし、そうした企業がちゃんと成功を収めて、モデルの実例になれるかどうかが問われるんだと思います。日本では、よいモデルさえあれば、みんなが真似するので。「佐々木は口だけだった」と言われるか、実際にモデルを提供できるか。最初の一歩の成功が大事だと思っています。（了）

2017年3月29日収録

7

これからのデザイン

モノのデザインから
価値のデザインへ

原研哉

Kenya HARA
デザイナー。1958年生まれ。デザインを社会に蓄えられた普遍的な知恵ととらえ、コミュニケーションを基軸とした多様なデザイン計画の立案と実践を行っている。日本デザインセンター代表。武蔵野美術大学教授。無印良品アートディレクション、蔦屋書店VIおよびサイン計画、HOUSE VISION展、らくらくスマートフォン、GINZA SIX VI、JAPAN HOUSE総合プロデューサーなど活動の領域は多岐にわたる。一連の活動によって内外のデザイン賞を多数受賞。著書『デザインのデザイン』(岩波書店、サントリー学芸賞)、『白』(中央公論新社)は多言語に翻訳されている。

撮影：筒井義昭

『デザインのデザイン』という名著がある原研哉さんは、無印良品のアドバイザリーボードであり、蔦屋書店、GINZA SIXなどのグラフィック・デザインでも知られる。原さんのデザインは、日本のシンプリシティ、ミニマリズムを世界に知らしめるものであり、かつ彼にもそのような強い自負があるだろうと思う。

日本のデザイン界で最も理論的なデザイナーである原さんは、歴史的、社会的な視点で日本のデザインの可能性を問い続けている。その彼に、彼がグラフィック・システムを手掛けた代官山蔦屋書店で、「デザインとは何か」についてみっちり話を伺えるまたとない好機を得た。自分としても、デザインの可能性、さらに日本の可能性について、長年のもやが晴れるような忘れがたい機会となった。

あらためて「デザインとは何か？」

――今日は、広がり続けるデザインの行方と日本のデザインの可能性についてお話しできればと思います。まずはあらためて「デザインとは何か？」というテーマで、原さんが考えるデザインの本質について伺いたいと思います。

原さんは著書の中で、「(産業革命以降)生活環境を激変させる産業のメカニズムの中に潜む鈍感さや不成熟に対する美的な感受性の反発、これがまさにデザインという思想、あるいは考え方の発端となった」(『デザインのデザイン』より)と述べていますが、デザインの発生源について原さんがどう考えているのか、もう少し詳しくお聞かせください。

原　デザインの捉え方にもいろいろあると思います。代表的なものはウィリアム・モリスやジョン・ラスキンの考え方ですね。1851年にロンドン万博があり、当時始まったばかりの機械生産による製品や家具などが展示されました。ただ、機械生産による物品はある意味でとても醜かったわけです。かつて職人たちが手塩にかけて作っていたものが、機械生産になった途端に不器用な手で作った粗悪品のようになってしまった。そこで、物作りの中に込められていた人間の尊厳はどこに行ってしまったのかとラスキンやモリスは批判したわけです。

つまり産業革命の軋轢の中で、デザインに対する批評が生まれたわけです。デザイン史家のニコラス・ペフスナーも、そのあたりにモダンデザイン思想の始まりがあると指摘していて、僕たちも大学でそう習いました。

でも最近では、**石器時代に人間が最初にものを作り始めたときからデザインは始まっている**と思うようになりました。そのような考え方を表現してみようと、２０１６年のミラノ・トリエンナーレで、アーキテクトのアンドレア・ブランツィと二人で展覧会を制作・発表しました。そのタイトルは「新・先史時代－１００の動詞」というんです。人工知能の時代が始まる前の新しい黎明期に、いま僕らは佇んでいる。だから、いまを新しい先史時代と捉えて、この時代にたどり着くまでの歴史を一回俯瞰的におさらいしようと、石器時代から現代までの人間の欲望の系譜を一望する展覧会を作ったのです。

道具が欲望を進化させる

――壮大なテーマですね。

原　壮大でしょう。イタリアは博物館が豊富で、土器や金属器にはじまり、ローマ時代の道具、たとえばサイコロや酒器、家の鍵や秤、ガリレオの時代に使われていた顕微鏡など、歴史的遺物の収集には困らない。人類が「道具」を作り出してきた歴史をたどり直して、それを100の「動詞」と呼応させようという企画でしたが、トリエンナーレというデザインミュージアムの働きと、多数の博物館の協力によって展示が成立しました。

動詞は、たとえば「持つ」から始まって、「叩く」「つぶす」「壊す」「殺す」と展開していきます。動詞は言わば人間の欲望のメタファです。道具は人の機能を拡張し、世界を加工・変容させるわけですから、ある道具ができたことによって欲望がひとつ進化する。すぐれた石器ができると、次にはそれで人を威嚇したい、攻撃したいという欲望が生まれて、欲望はさらにひとつ進化する。その欲望が新たな道具の進化を誘う。そういう風に、道具と欲望は「共進化」してきたわけです。

その展示で結構大きな発見がありました。石器はすごく美しいんですよ。いま、石器時代のように、石で石を打ち砕くことで石器を作ろうとしてもそれは決して楽ではない。相当に器用な人がやってもなかなかうまくできない。それくらい石器はよくできている。だから、石器を作る人たちの頭脳や知恵は、僕らとそんなには変わらないんじゃないかと思った。さらに、人間は進化したというけれども、賢い方向にだけ進化したわけではなくて、残虐さやずる賢さなども同時に進化させている。そういうことが道具と動詞の中に見えてきたわけですね。

キリンやライオンと違って、自分が生きる世界を加工・変容して、自分の好きな通りに差配してきたのが人間の歴史です。**あるべき環境をどう作っていくかを、道具を通して考え始めることがデザインの始まり**なんだろうなと、その展覧会を通して実感できました。

だから、産業革命からデザインが生まれたわけではなくて、デザインの始まりは人類の始まりと同じくらい古いということを、最近は再認識しています。

――僕も多摩美術大学で講義をやっていますが、最初の授業で必ずメソポタミアなどの壁画の絵を見せるんです。古代の壁画にも、記号的な絵柄や文字があり、ちゃんとグリッド（格子）状にデザインされている。そのように、デザインと文字とイメージとが渾然一体となって、大抵の文明は生まれているのではないかと僕も思うんですね。

原　いま、グリッドの話が出ましたが、**人間は世界を四角くデザインしてきた**わけでしょう。起伏のある大地を平らに、そして四角く区画して、そこに四角い建築を建ててきたわけです。廊下は直角に曲がり柱は垂直に伸び、ドアも部屋も家具も四角い。窓も世界を四角くフレーミングしています。現在のパソコンもスマホもキーボードも四角い……。紙も四角く、その比率は1対ルート2。半分にしても倍にしても同じプロポーション。なぜ人間はこんなに四角が好きなのでしょうか。クモやミツバチは六角形が好きなのに、人間は四角に囲まれている。目が二つ平行についていて、左右対称に体ができているのと、いつも垂直方向に感覚が働いているのでホリゾンタル（水平）なイメージが人間の意識の根本にあるのではないかと思っていました。しかしそれはクモやミツバチも同じ。おそらくは直立歩行によって自由になった二本の手を使って、四角を探り当てたのでしょう。バナナの葉のようなものを手で折ると直線を得られます。それをもう一度折ると直角が……。四角はその延長にあります。要するに、その辺りにデザインの始原があるのではないかと思うんです。

また、丸い形にも同じような原型があるように思います。石器時代の石器には丸い穴がきれいに開いているんですね。数学的な正確さで正円が開いている。これはどう作ったかと言うと、柔らかい石の上で小さな硬い石を手でぐりぐり回転させて、ぽこっと貫通させている。コンパスと同じ原理で、手が正円を探り当ててしまう。そして、そのふちを均等に削っているうちに、ドーナツ状の石器ができるわけです。

だから丸も四角も、人間の手が探り当てた形だろうと思うのです。どうやら**デザインはその辺りからはじまって、その延長に僕らはいる**のです。

――グリッド状のものも正確な円も極めて人為的なものじゃないですか。人為的なものを残

したいという欲求がそこにあり、それがデザインの欲望の根源にあるような気はしますよね。

原　そうですね。しかしながら、そういう環境の中に僕らは住んでいるということに本当に無自覚です。深澤直人さんがアフォーダンスを援用してデザインを考えているのも共感できます。**無自覚のものをきちんと意識化していくことが重要**だと思いますね。

数学というのは、「すでに知っていることを、わかり直すこと」だと言われています。この世に生まれて、何も教わらないのに、「立つ」をやり「歩く」を実践している。重力や加速度に関する数理的な知識は全く得ていないのにです。数学はそれを数式を用いて解き明かそうとしている。あるいは数というものを定義しようとしている。デザインは数式は用いないけれどもこれに近いと僕は思っています。**すでに身体や感覚が知っていることを、わかり直していく道筋がデザイン**です。

デザインは感覚の平和をもたらす

――原さんは「合理的なものづくりを通して人間の精神の普遍的なバランスや調和を探ろうとすることが、広い意味でのデザインの考え方である」（『デザインのデザイン』より）と定義

していますが、調和を探るところにデザインの本質があるという理解で良いですか？

原　そうです。イギリスのデザイナー、アラン・フレッチャーが書こうとして未完に終わった本のタイトルが『感覚の平和』というそうです。

――良いタイトルですね。

原　それを聞いて、いいところを突いているな、と思いました。ある場面ではうるさい音を立てないのが感覚的に気持ちいいのかもしれない。あるいは、お互いがお互いのことを配慮し合って一定の距離を保つのがいいかもしれない。そうしたときに共有される普遍的な感覚、みんな同じ世界で生きていて、同じひとつのサーフェイス＝界面に触れている感覚というものがあるのだろうと僕は思うんですね。**デザインはそうした感覚の調和を探り当てていくこと**だと思うので、「感覚の平和」は、デザインにとってはすごく大事なことだと思いますね。

――一方でデザインには別の役割もありますよね。「デザインは形と機能の探究という理想主義的な思想の遺伝子をその営みの内奥に抱えており、経済というエネルギーで運動しながらも

クールな求道者のような一面をも維持してきている」（『デザインのデザイン』より）と原さんが書いているように、デザインは経済的な役割を担わなければいけない。しかし経済だけに寄り添ってもいけないということですよね。

原 デザインは思想であると同時に力でなければいけない。具現化できる力がないと、デザインをやっても意味がないと思うんですね。何かものが売れてしまうとか、何らかのアイデンティティがみんなの間で共有されてしまうとか、ある価値観を刷り込まれてしまうとか。要するに「フォースを持っている」ことが重要なんです。具体的に効く力を発揮できないと、やはりデザインの力はないのだということになる。だから、そこはいつも意識しています。

「もの」を作るよりも「こと」を作る

——原さんの言葉に「僕の仕事は〝もの〟を作るというより〝こと〟を作ることである」がありますよね。これもデザインの力を意味することかと思いますが。

原 これは大分前に言った言葉ですが、「可視化」と同じくらい世の中に刺さった言葉で、みんな「ことのデザイン」と言うようになりました。もちろん「もの」も大事ですよ。だけれど、僕はコミュニケーションのデザイナーなので、やはり現象として「こと」をみなさんの頭の中に引き起こしたいと思っているわけです。だから、ポスター自体も大事だと思うけれども、ポスターが引き起こしている「こと」が重要になると思っています。

「こと」について語り始めてあらためて「そうか!」と思ったことがあります。最近、人の幸せのかたちが少し変わりはじめていますね。いい家に住んで、自分の好きなものを身近に集めて、近所においしいイタリアンのお店を知っている、というようなことではない。世界の多様性をその土地に行って体験するというようなことに価値が移りつつある。「こと」というのはエクスペリエンス、体験ですね。体験によって世界の豊かさや活力を感じていく、ということが大事になってきていると思うんです。つまり**豊かさを「所有」とは違うところに求め始めているわけ**です。

21世紀は遊動の時代

――かつて原さんは「デザイナーの仕事には、デザインというフィールドを社会の適正な場所に再配置していくという側面がある」(『デザインのデザイン』より)と語っていますが、

「社会の適正な場所に再配置」とはどういうことですか？

原　少し歴史的な経緯からお話しすると、日本は戦争に負けて以来70年、工業立国をして成功したわけですよね。アメリカやイギリスは、戦争が終わった段階で金融や情報にシフトしていくけれど、イタリアやドイツ、日本は工業国になったわけですよ。20世紀は製造業が経済の原動力だったけど、21世紀の産業はそうではない。情報社会になり電子決済や物流が加速しますが、それ自体は大したことじゃない。人の欲望の根幹を変えることにはまだつながらない。人工知能による社会変革は未知なる状況を生むでしょうが、**僕がいま、注目しているのは遊動の時代になっていくということです。**

遊動というのは動くということです。「遊動」の対義語は「定住」です。いままでの日本は、稲作社会が根本にあって、みんなひとつの家に住んでいたけれど、これからは能動性の高い人たちはいつも動いているという状況になっていきます。たとえば、東京を拠点にするけれども、そこにいるのは月の半分以下。シンガポールに移動したかと思うと、ジャカルタに飛び、カリマンタンの熱帯雨林の中のリゾートホテルで休息しつつ仕事もする。そして次の週は欧州に移動するとか、いつも動いている状況。

いまでも、一か所に定住せずそうやって動いている人が増えている。こういう人たちは、世界の経済文化を相対的に見られるので、個別文化の価値にとても敏感です。**文化の本質はローカリティにありますから、ローカル文化の価値が、新しい世界の文脈で見立てられ、問い直される**。そしてそういうものの見方が「価値の形成」に影響を与え始めている。

遊動は一部のビジネスパーソンに限った話ではありません。世界を移動する人口の推移を見ると、１９６４年、最初の東京オリンピックがあった頃は1億人ちょっとでした。それもほとんどが欧米人だった。それがいまは、11億を超えてきていて、その内訳はアジア、中東、欧米が入り乱れています。２０３０年には、18億から20億人が移動すると想定されています。延べ人口ですが、**世界人口の、実に3分の1から4分の1が動く時代になっていくん**ですね。

いまは「インバウンド」という言葉をよく耳にしますね。日本に来る旅行者は、なかなか１０００万人を超えなかったのですが、２０１５年に２０００万人になったんですよ（２０１７年には２８６９万人）。とても急激に伸びている。しかもこれは、先に述べたように、日本だけではなく世界的な傾向です。ちなみにフランスにはどれくらい来ているかというと、８０００万人来ている。フランスの人口よりも多い旅行者がフランスを訪ねています。だから、フランスの産業の第一位はツーリズムです。

工業化社会のデザイナーの職能とは、工業製品を合理的な形にすることであり、よりよく記憶されるためのブランドアイデンティティを作ったり、効果的な広告を考案することだった。

印象的なテレビコマーシャルを作ったり、ブランドロゴを作ったり、製品にきれいな形を与えたりして購買意欲を煽ることだったのです。古いものを疎ましく感じ、新しいものと一緒にいる状況に快楽を覚えるような社会を作り、消費のサイクルを加速させて社会を回してきた。しかしながらそういう状況が、徐々に変わろうとしているように思いますね。

これからのデザイナーはデザインの意味や力のあり方を理解して、それをどこに振り向けていくかということを、その都度考えていかないといけない。人がなぜ移動するかというと、自分の中にはない価値を求めて世界を動き回るからです。だから、デザイナーは遊動の時代の中で何をすればいいのかを考えなければならない。さしあたっては、自分たちの足元を見つめ直すことだと思います。

時代についてもうひとつ付け加えるとするなら、僕らは**資本主義のフロンティアがなくなってきた資本主義の末期の時代にいる**ということです。そういう時代の向こうに何が見えてくるのか。そこにデザインの力を振り向けていかなければいけない。でもいま、デザインが向かうべき方向を語る人は少なく、テクノロジーの行方を追いかけるか、あるいは相変わらずロゴやエンブレムを作ったりしているわけですよね。イノベーションもエンブレムの制作ももちろん重要だと思うけれども、**デザイナーのもうひとつの役割は人の欲望の行方を示唆すること**だと思います。それが「適正な場所に再配置していく」という言葉の裏に流れる文脈です。

デザインはものの本質を見極めて、もう一度見えるかたちにすること

――ただそうなると、若いデザイナーやデザイナーを志望する人は、「では僕たちはいったいどこから勉強すればいいんですか？」と思うはずですが、そういう質問には原さんはどう答えますか？

原　デザインという職能のかたちは変わっていくと思います。いまはテクノロジーの行方に目を奪われているけれども、やがて人間そのものもテクノロジーによって変わっていくでしょう。雑誌のレイアウトをして、雑誌というものを成り立たせていくという仕事のかたちはいつまであるのかは分からない。だけどそれが担っていたものは、かたちを変えても続いていく。**デザインとはものの本質を見極めて、潜在するものを目に見えるかたちにしていくこと**です。だからその力をどういうところに発揮していったらいいか、自分の働き方を自分で産み出し、状況に応じて変えていける人になってくださいと言いたいですね。

自分も仕事のはじめはそういう感じだったんですよ。いまは自分をデザイナーと称していま

すが、はじめは「デザイナーでいいのかな？」と思っていました。デザインという思考法は好きなので、「デザインという考え方を携えて生きる人」にはなると思っていました。社会の落穂拾いのような、地味な自分のデザイン観をもってして、どうすれば世の中に寄与できるか、懸命に探ってきたように思います。それでもなんとか続けてこられたので、この先どんな状況になっても、自分の能力をそこに適応させていけるだろうという手応えはあります。

いまはすごく多角的に世の中と接点を持っています。パッケージもやれば展覧会のキュレーションやディレクションもやる。ウェブコンテンツの構想と書籍の企画も同時にやりますし、トイレやキッチンのデザインもやるし、サイン計画もやります。ロゴやポスターも作ります。そういうものが夥しい数、同時に動いている。自分一人で作るだけでなくて、いろんな才能と連携してプロジェクトを具体化していくことも少なからずあります。そうやって、世の中といろんな接点を作っていくことで、まだやったことがない領域の仕事も類推できる力がついてきたように思います。そして、ここが実は本当のスタートラインじゃないかと思います。

これからのデザイナーは「こうなのかな」と「もの」や「こと」を総合的に可視化・具体化していく力、つまり仮想・構想する力がますます重要になってくると思います。僕は武蔵野美術大学の基礎デザイン学科で教えていますが、この学科は領域別に分かれていません。デザインについては徹底的に考えるけれど領域を特定しない。そうすることで、どんな状況に対してもデザインの考え方を適用していける。そう考えていますし、ずっとそういう話をしてきています。

広がるデザイン、変わらない本質

――いまはデザインの領域がどんどん広がっていますよね。たとえばソーシャルデザインなどは、これまで考えられてきたデザイン的な技能とほとんど関係がないわけです。このように、デザインという言葉の示す領域は広がっていますが、デザインの本質は変わらないとお考えですか？

原　そうですね。重要なのは、**デザインは蓄積されてきた人間の知恵に気付いていくく行為でもある**ということです。デザインの役割は、現実をきちんと分かって、何をすればより良くなるか考えることだと思いますね。

２０００年のTAKEO PAPER SHOWで「RE DESIGN――日常の21世紀」展という企画展をやりました。そこでは建築家の坂茂さんにトイレットペーパーをリ・デザインしてもらったり、照明デザイナーの面出薫さんにマッチをリ・デザインしてもらったりしました。坂さんは、丸いトイレットペーパーの芯の部分を四角くデザインしてくれた。そうすると、ペーパーも自然と四角く巻き上がって、四角いトイレットペーパーができる。これを器具に装塡して使うと、するするっと出なくて、カタカタカタと抵抗が生まれるわけで、その分余計に使われなくてすむ。つまり省資源につながるわけですね。そしてまた、四角いと積み上げてストックすることもできる。

この案は素晴らしいと思ったけれども、実際、それを大量生産しようとすると、これができない。なぜかというと、四角いトイレットペーパーを機械で高速に巻き上げると紙が切れてしまうのです。だからゆっくり巻き上げる必要があって、生産性がコストに見合わない。要するにトイレットペーパーが丸いのには決定的な理由があった。

ここで気づかされたのは、そこらにある日用品は実は素晴らしくよく練られてデザインされているのだということ。**歴史の中で人間が作ってきた知恵が、ものには詰まっている**んですね。長い歴史を経て徐々にいまのかたちに進化してきた。そのことに気がついた瞬間から世界は違って見えてきました。

そういう気づきをどれだけ作っていけるかというのもデザインです。無印良品のタオルはロゴも模様も入っていなくて、品質はまあまあです。しかし模様や刺繡で覆われたタオルよりも清潔くて気持ちがいい。そうした小さな気づきを重ねていくことが、人間の欲望の質に微かながらも影響を与えるのです。これはデザインの与える気づきです。**欲望のエデュケーション**と言ってもいいかもしれません。街のかたちにしたって、都市計画家の計画だけで都市ができるのではなく、都市に生きる人々がどのような欲望を持っているかが都市のありかたを決めていますね。昔は路上や公衆の面前で痰を吐いていたでしょう。最近それをする人はほとんど見かけなくなりました。そんな汚い街に誰も住みたくないし、自分も慎もうという気持ちが芽生えたからだと思います。そうやって都市は新しいフェーズを迎える。次の段階へと進化するわけです。たとえば、いまいる蔦屋書店も、落ち着いた佇まいが気持ちいいなと思う人がいるから、大声を出すのを控えようという気持ちが湧いてくる。そういう思いの連鎖が代官山蔦屋書店の空気や居心地を生んでいるわけです。

そのように、**デザインという行為による目覚めが何かに転換していって新しい状況を作っていくところにデザインの本領がある**と思いますね。

――原さんは、「こうなりたいと意図することがデザインであり、その姿を仮想・構想することがデザインの役割である」(『デザインのデザイン』より)と言っています。そしてこの考えを受ければ、「編集とはデザインだ」とも「政治とはデザインだ」とも言えると思うんです。そういう意味で、原さんが考えるデザインの定義は相当広いと思います。

原　その都度いろんなことを言っていますからね。多元的に定義したいんですよ。佐藤卓さんが総合指導している「デザインあ」という番組に出たときに、「このカメラに向かって、デザインとは何か、一言で言ってください！」と言われたんです。

――難題ですね（笑）。

原　考える余地がないわけですよね。子供の顔の写真が先端に取り付けられたカメラに詰め寄られて、僕は思わず「だったりして、をかたちにすることです」と言ってしまった。咄嗟に出た言葉ですが、後で考えてみると、そうだよなと思う部分もあるわけですよ。デザインとは「だったりして」を目に見えるかたちにしていくことだと思うんです。

説得する力や合理性のないものはデザインではない

――いまの話を聞いて、グラフィック・デザイナーの故ポール・ランドが「design is everything, everything!」と言っていたのを思い出しました。僕はこの言葉が大好きなんです。

でも、多分デザインは「everything」ではないと思うんです。どこかで「something else」になる線引きがあるはずで、その線引きというのはどこなんだろうなと思うわけです。ポール・ランド同様、原さんも「全てはデザインだ」と言うわけですが、これはデザインではないなと思うものはありますか。これから先はさすがにデザインじゃないよという線引きがあるとすれば、それはどこにあるんですか？

原　みんなそうだと思いますが、なんでこんなことになってしまったのかということに対して怒りを感じることがありますよね。たとえば、権力者がよく勉強もしないで独善的な力で押さえ込んで決まったものや、ゴルフをしながら商談をして出来たようなもの。つまり、**人を説得する力のないものや合理性のないもの。そういうものはデザインでない**と思いますね。

法律にも規則にも死んでいると言っていいものがあります。それもデザインではないと思うんですね。たとえば、ＪＩＳ規格で男子便器の幅は42センチと決まっているんです。

――そうなんですか。

原　腑に落ちない規制です。世の中の変化に対応できていない不合理な決まり事が世の中にはいっぱいあって、そうしたことを、手続きを踏まえつつ是正していくこともデザインだと思います。しかし、柔らかい解釈や創造性を排除するというのはデザインではないと思います。

――シンプルなデザインが原さんのひとつの大きな特徴だと思いますが、その辺り原さんはどう思っていますか？

原　シンプルというのは、だいたい１５０年から１８０年くらい前に西洋の近代主義と一緒に出てきた概念です。それまでの世界はどちらかというと「複雑」が中心でした。だから、シンプルについて考える前に、複雑について考えると分かりやすいんです。

たとえば青銅器は表面にいっぱい模様があって複雑ですよね。なぜ複雑かというと、稠密な文様をびっしり施してオーラを生み出して、人々に「ひょえー！」と畏れを感じてもらう必要があったからです。世界の歴史は「王の歴史」として始まった。王が君臨するためには、強力な力の表象が必要だった。だから強大な力の記号として青銅器の稠密文様があったわけです。特別な技能を持ったものが遠大な時間をかけないと決して到達できないおそるべき達成としてそれは示されたのです。中国のみならず、インドもイスラムも、絶対君主の君臨する欧州も、複雑な様式的紋様が発展し、王も貴族も猫脚のついた複雑な装飾付きの椅子に座っていた。

そういう世が突然、終わったわけですよ。世界が逆転して、王が主役ではなく、一人一人生きているあなたが主役という時代になった。市民社会、すなわちモダニズムの到来です。**権威を表象する必要から解放された途端、ものと人間の関係は合理性ではかられるようになり、「もの」と「素材」と「機能」の関係は最短距離でよくなった。そこにシンプリシティという概念が登場するわけです。**それ以降、バウハウスやアルネ・ヤコブセンのような、デザインはシンプルでいいじゃないかと、シンプル・イズ・ベスト、レス・イズ・モアという時代が始まるわけですね。

でも、そうやってものと人間の関係が少し長く続くと、社会は生真面目なシンプリシティに飽きてくるわけです。消費者は新しい価値を消費したくなって「もう少し違うものが欲しい」とわがままを言い始めるわけですよね。すれっからしの消費者は、「シンプルなんてつまんない、もっと他に何かないの?」と。広告というものが嘘を言っていることは分かりきっているのに、「もっとうまく騙してほしい」なんて思っている。広告の始まりは、率直に商品のリアリティを謳い、それを欲しい人が買っていたのに、虚構や幻想を語っていることを承知の上で、それにうまく騙されていくことを楽しむ消費者が生まれてきた。これがポストモダンですね。

単純ではなく、もう少しひねった不思議なものを楽しみたいという欲求が社会に生まれてきて、それがポストモダンや、デコや、ノームコアといった言葉を生み出している。だけど、目を細めて見ると、**近代に入ってから、ものと人間の関係はそんなに変わっていない**ですね。だから、合理性に立脚したシンプリシティが基調としてあって、デコもノームコアもひとつのトレンドの波として消費されているのだと思います。

日本にはシンプルとエンプティがある

――そうした流れの中で、原さんは日本的なシンプリシティを代弁していくのが自分のミッションだと感じていらっしゃるのですか。それとも、単純に好きだから、そこをより展開していきたいのですか？

原　僕は自分のデザインの中に日本の伝統的なアイコンを放り込むことは好きじゃないです。むしろ避けてきた。ただ、自分の感覚の中を探ると、西洋のシンプリシティとは違うものが出てくるのです。独特の簡潔さとでもいうか。つまり**簡素・簡潔には「シンプル」とは異なる「エンプティ」の系譜というものがある**と思うんです。１５０年前に西洋社会がモダンにシフトしてシンプリシティという概念が生まれた。でも、日本はその３００年以上前、15世紀の末に、これとは別の系譜の簡潔さに到達しちゃっているわけです。

日本列島はユーラシア大陸の東の端にありますよね。地図をぐるっと時計回りに90度回転させると一番下に日本がきます。これをパチンコ台に見立てると、ちょうど「受け皿」の位置に日本があるわけです。玉は、上の方のローマあたりから落ちてきて、中国、インドを巡り、最後は朝鮮半島から日本へ落ちてきてここに貯まるわけです。長い中世の時代に、世界の文化は王の君臨でゴージャス志向だったわけですから、豪華絢爛の玉は相当な数、日本に落ちてきた。ですから**遣隋使・遣唐使が始まって以来、日本文化の中枢は、思いのほか豪華絢爛だった。**

ところがこれが、急速に変化する事態が起きた。応仁の乱です。当時の都、京都を舞台に十年間におよぶ戦乱が続き、これで文化がかなり痛めつけられた。これを境に、日本の文化は、豪華絢爛から簡素簡潔へとリセットされるのです。誤解を畏れずに総括するとそういうことになる。

当時の将軍足利義政は、政治力はなかったけれども、美には聡い人で、戦乱に倦んで将軍職を息子に譲り、自分はいまの銀閣寺／慈照寺を作り、そこで余生を送るわけです。多大な文化的喪失がそういう心理をもたらしたのかどうかは定かではありませんが、簡素で冷え枯れた風情を称揚する文化がここを起点に始まっていく。慈照寺の東求堂に義政が過ごしていた同仁斎という書院がいまでも残っていますが、それが日本の和室の源流と言われています。四畳半の間に畳が敷き詰めてあって書き物をする付け書院の奥に障子がびしっとしつらえてある。この障子を開くと、美しい庭がフレーミングされて出てくるんです。四方を見渡しても障子とふすま以外何もない。そういう簡素さを指して僕は**「からっぽ＝エンプティ」**と言っています。何にもない方が人のイマジネーションを受け入れる余白が多い。だから**エンプティな状況こそ豊穣だという考え方がこの時代に生まれてくる**わけです。生け花も茶の湯も、庭も建築も、調度やしつらえも基本的にエンプティなんですね。

そして、そうした美の采配に従事していた才能たちの名前には、「阿弥」という称号がついていました。庭を造るのは善阿弥、花を立てるのは立阿弥、調度をしつらえるのは能阿弥。阿弥と呼ばれていた人々は下賤の出自だけれど、クリエイティヴな能力があれば取り立てられた。日本のデザイナーあるいはアートディレクターの源流はこの辺りかなと僕は思っているんですね。

２００１年に無印良品の仕事のバトンを田中一光から渡されて、考え始めるようになったのですが、無印の簡潔さと、西洋のシンプルは何か違うなと思ったのが、エンプティネスに注目し始めたきっかけです。田中一光は無印良品を「豪華さに引けを感じることなく、簡素であることをむしろ誇らしく感じるような」と言っていました。確かに**単にものと人との関係を最短距離で結ぶということ以上の、恐るべき簡素さ（エンプティ）が無印良品にはある**なと思ったんです。そしてそういうことに共振する自分の感覚も確かにあるなと。なので、こうした美意識のルーツを考えざるを得なかった。

ちょうど、お茶を学び始めたのもこの頃で、師匠の千宗屋から、村田珠光から武野紹鷗、そして千利休に至るまでの美意識の系譜を、京都の茶の湯美術館でレクチャーを受けて、15分ほどのレクチャーだったのですが、あ、なるほどと、腑に落ちるものがあったのです。

自分はこれまで日本の紋章のような伝統の形を自分のデザインの中に取り入れることは避けてきたし、自分のことを日本のデザイナーだと意識したこともありませんでした。だけど、その時にはじめて、**エンプティなものが自分のデザインに通底している**と感じました。

そうした経緯もあり、最近は日本のことをもう少しきちんと知らなくてはと考えています。知識や薀蓄ではなく、感覚としてものにしておきたいと。フランスは歴史が古いと思っていましたが、室町時代の後期がブルボン朝の創設期のすこし前にあたるので、日本よりも歴史が浅い。日本には千数百年ひとつの国であり続けたということの歴史的蓄積がある。フランスに年間8000万人の観光客が来ているのであれば、日本にも当然同じくらいの人々が来てもおかしくない。それくらいの文化的独自性があるんです。

ものではなく価値を作っていく時代

――もうものがあまり要らなくなってきて、過剰なデザインも要らなくなってきている中で、デザイナーはいったい何を作るかということを考えなければいけない時期になっています。これは、経済をブーストさせる役割のあるデザイナーとしては大声で言いにくいことだとは思いますが、原さんも「大量生産という状況についてもう少し批評的になった方がいい」(『日本のデザイン』より)と言っていますよね。

原　いまは、**ものではなく価値を作っていく時代**なんです。たとえば日本酒はワインに比べて安すぎると思います。安いワインもあるけれど、高いものは冗談でしょうと思うくらい高い。そこそこ高い日本酒もあるけれど、驚くような値段の日本酒はないですよね。

――でも、高いものもありますよ。先日、ニューヨークのガゴシアン・ギャラリーに行ったんです。いま、全世界で11軒を展開する世界最大級のギャラリーですね。そのギャラリーを経営するラリー・ガゴシアンは日本食が大好きで、ニューヨークのガゴシアン・ギャラリーのあるビルで日本食レストランを始めたんですよ。入口にメニューがあったので見たら、日本酒の

値段がとんでもない価格でした。ニューヨークのガゴシアンの店だと日本酒もここまで高くなれるんだ、と思いましたね。

原　それはまさに未来を先取りしていますね。ガゴシアン・ギャラリーはアーティストの作品をいかに高い価格で世界に流通させるかという「価値を創造している」場所、世界屈指のアートギャラリーですね。

――はい、杉本博司も村上隆もニューヨークではガゴシアン・ギャラリーが扱っています。

原　杉本博司と村上隆はまさに価値を創造しているアーティスト。彼らのように世界の富裕層に「欲しい！」と言わせるものを作り上げるのが、現代アーティストの今日の世界に対する挑戦だと僕は思っています。村上隆や杉本博司の作品を見ると僕も思わず感心するし、したたかさに呆れる。「価値は捏造するもの」と杉本博司はうそぶいていますが、利休やマルセル・デュシャンの時代以降、アートはそうなった。「杉本博司の水平線の写真が欲しい！」と言わせるメカニズムとはいったい何なのか。ガゴシアン・ギャラリーは世界のアート・コレクターの心を煽っていく価値のメカニズムを作り上げているわけです。

日本に一番足りないのはバリュー

――そうですね。彼らはそのことをよくわかっている。

原　いま、**日本に足りないのはバリュー（価値）の創造**です。グラス一杯２万円のワインが平気であるのにもかかわらず、あれだけ丹精に作っている日本酒が一升瓶で数千円です。ガゴシアン・ギャラリーがとてつもない値段の日本酒を売るように、バリューを作り上げる仕組みを起動させることが必要です。

デザイナーが担う役割は、**日本の文化や伝統を、世界の人たちが「欲しい！」と思うような価値として見立てていくこと**です。たとえば、水田のある景色や、きれいな湧水、生花を活けて部屋に置いてくれるサービス、玄関で靴を脱ぐという習慣が育む清潔感、そして旬を供し、またそれを楽しめる感性が生む和の食や器……。ひとつひとつ数え上げるまでもなく、とてつもない価値の源泉です。

いまの暮らしは、どうでもいいものに囲まれ過ぎていませんか。家に帰って机の上を見ると、漆の器もあるかもしれませんが、リモコンやスマホの充電器やテディベアが一緒くたに置いてある。一回その机の上のものを全部捨てて、茶碗だけぽつんと置いてみると、おお美しい空間だと思えるわけです。空間というのは、ものがある存在感と緊張感で生まれてくる。つまり、机の上に雑多なものを置き散らしているような環境だと価値は生まれてこない。これを一回掃除してみたほうがいい。

そうした価値を自在に差配できないデザイナーは、杉本博司や村上隆に負けていると思います。だから、デザイナーもそれなりのやり方で、そこにアプローチしてみたい。

日本はまだ20世紀的な工業社会の幻想に基づいている

――そうした価値を生み出すためには、先ほどの原さんの言葉を借りると「欲望をエデュケーションしなければいけない」という話につながっていくと思います。「欲望のエデュケーション」をメディアやクリエイションを通じてどうやっていくかということを、クリエイションに携わる人間は考えなければいけませんよね。

『物欲なき社会』でも触れましたが、21世紀はクリエイティヴ・クラスの世紀であるとアメリカではよく言われています。提唱した社会学者のリチャード・フロリダによると、いま、82カ国に3億人以上クリエイティヴ・クラスの人がいます。それなのに、広い意味でクリエイティヴな職種に就いている人たちの比率を比べると、日本は世界で64位なんですね。先進国の中で圧倒的な最下位、アジアの中でもシンガポールや香港よりも下です。日本はクリエイティヴ・クラスという基準では圧倒的に後進国です。

フロリダはクリエイティヴ・クラスが支配する世の中で「三つのT」がこれから重要になってくると言っています。それは「技術（Technology）」「才能（Talent）」そして「寛容性（Tolerance）」です。この中でも日本は特に寛容性が低いということが調査結果に出ています。それは海外の文化や人、ＬＧＢＴへの寛容性が非常に低いからです。

また、日本は幸福な国なのだろうかということについても国際調査の結果があります。国連が「World Happiness Report」という調査報告を数年おきに出していて、２０１７年発表の調査で日本は51位、先進国の中でほぼ最下位なんです。また、ＯＥＣＤ（経済協力開発機構）が出す調査報告「Better Life Index」でも、２０１６年の調査で日本はＯＥＣＤ加盟国の中で35カ国中18位でした。

こうした調査報告を見ると、日本は経済大国ではあるけれど、幸福度大国でもないし、クリエイティヴ・クラス率も先進国の中でほぼ最下位です。グローバルな文化レベルの競争時代に、この日本のクリエイティヴ・クラス率の低さと幸福度の低さはどうしたらいいのかと思うのですが、原さんはこの話を聞いてどう対処したらいいと思いますか？

原　日本は昔から存続してきた大きな企業がまだ主役の国です。ものを生産して販売する仕組みがその中で緻密に練り上げられてきた。メカニズムは集団の力で動いているのです。それがクリエイティヴ・クラスの台頭を阻んでいるのでしょう。

アメリカにも大きな会社はありますが、それはクリエイティヴ・クラスが成功した結果です。だから、野心ある若者はどこの会社に就職しようかと考えるより、自分はどういう能力を手に入れて、どういうサービスを生み出す人になるのか、どんな新しい会社を起こすかに知恵を使っているように見えます。ひとりでも世間の風に立ち向かって、失敗しても成功するまで挑戦し続ける、という風土がありますね。でも、日本は大きな企業が成功しているから、大企業に就職して外の冷たい風にできるだけ当たらない方が賢い、堅固なフェンスの中に囲まれている方が安心・安全に幸せになれるという考え方から脱却できない。集団で活動したいという国民性もあるかもしれません。

大企業を管理している人々は、クリエイティヴ・クラスという着想を好んでいないように思います。企業のメカニズムの中で成功した方法を反復・再生産している。だから**いまの日本はまだ圧倒的に20世紀的な工業社会の幻想に基づいている社会**だと思います。

これは自分も含めてあらゆる職能に言えることですが、会社の外の冷たい風に当たって、自分一人がいかなる能力であるのか、ちゃんと世の中にサービスを生み出せているかどうかを自問してみた方がいい。そうすると、**クリエイティヴでないと生き残っていけない**ということに気がつくと思います。

ただ、クリエイティヴが大事なことだと分かっている経営者や企業も少なくないはずです。会社の中枢にクリエイティヴ・クラスを呼び込んできて、機能させようという空気にもなり始めています。大きな企業が変わっていくのも時間の問題かもしれません。

日本の美意識とＡＩのフロンティア

――少し視点を大きくして、資本主義全体の中で、デザインはどのような価値を作っていけるのかという話をしたいと思います。原さんは「資本主義が健全に機能するのに必要なフロンティアが徐々に残り少なくなってきました。日本にとって可能性のあるふたつの領域が見えてきます。ひとつは『美意識フロンティア』、もうひとつは『ＡＩフロンティア』です」（『HOUSE VISION』より）と語っていますが、これについて説明していただけますか？

原　資本主義は、フロンティアがあって初めて成立します。イギリスが資本主義の絶頂期だったときには、まだアジアが手つかずのフロンティアだった。アジアに行って香辛料を輸入したり、アジアにイギリスの優れた機械製品を売ったりすることができた。貿易に関してはまさにフロンティアに満ちていたわけで、資本さえあれば、貿易を通じてそれを何十倍にも膨らませることができたんです。中国は強烈なフロンティアなのですが、中国は壁を作って、外国の企業に13億人というフロンティアを自由にさせてくれません。共産主義という壁の中に魅力的な、そして最も旺盛なフロンティアが囲われているのです。

いま、資本主義の世界に残されているフロンティアはとても少ない。その中で合理的に経済を回そうとすると、お金を儲ける人と搾取される人に二極化していきます。これが資本主義の末期の状態でしょう。

資本主義は人間が考えだした非常に優れた仕組みだけれど、これが立ち行かなくなりかけているわけです。だけど、雑巾を絞るように可能性を絞り出そうと思えば、ふたつほど思いつくものがある。そのひとつが**美意識フロンティア**。先ほど言っていたように日本の伝統や歴史から価値を作っていく。自分たちの国の文化にすでにある美意識を資源として、ガゴシアン・ギャラリーのように上手に価値を見立てていくという領域です。ラグジュアリーという領域の観光についてはこれからが正念場でしょう。この点で言えば日本は途方もない価値の鉱脈を持っていて、そこがまだフロンティアになりうると思います。日本はそこに薄々気づいているけれど、まだまだ鉱脈の端に取り付いたという段階だと思います。

機械に人間が勝てるのは、仮想と構想する力

原　そして、二つ目が**AIフロンティア**。人間はAIには負けないと思っているかもしれませんが、人間は本来さして賢くはないんですよね。機械の能力が伸びていくと軽く人間の能力を飛び越えてしまう。将棋や囲碁では人間が勝つに決まっていると思われていましたが、今では機械が勝つというのが常識になってきてしまった。**合理的思考に関しては機械のほうが優れていて、人間が勝てるのは仮想と構想する力**だと僕は思うのですね。これから人工知能が出てくることで人間の営みの中のあらゆる無駄が一斉になくなっていく時代がくると思います。これは怖いことでもあるけれど、無駄がなくなっていくという意味ではフロンティアでしょう。たとえば、世界中の放射線医の知見をディープラーニングしたAIは、レントゲンの画像を見て、病痕の有無を間違いなく一瞬で判断できると言われています。一人のお医者さんがいかに優秀でも、世界中の専門家の知見を集めたデータと、病痕をほぼ完璧に見逃さない目を持った診察機械には勝てない。

医療においてもそうだし、僕らデザイナーがやっているレイアウトもそうかもしれない。僕

のレイアウトを機械がディープラーニングすれば、僕が作るようなレイアウトをいく通りも編みだせるようになる。**字数を考えたり行間を整理したりするようなことは機械のほうが圧倒的に速いから、レイアウトなどは機械がやってしまう**だろうと思いますね。

ＡＩが生みだす経済効果は十全にある。だけどそれは、残念なことに、ＡＩを管理するごくわずかな会社と人に富が集中する傾向をさらに加速させていくでしょう。だから、資本主義には美意識フロンティアとＡＩフロンティアが残っていますが、一部の人以外には結構厳しい状態だと思っています。

さらに付け加えると、「新・先史時代‐１００の動詞」をやったときに考えたのですが、20世紀に、いわゆる「手」による物作りが終わったんですね。21世紀にふさわしい動詞は何かと考えてみると、「加速する」「配達する」「遠隔操作する」「探査する」「精査する」「仮想する」「自己組織化する」「複製する」などという言葉が挙げられる。昔は「食べる」「奪う」「殺す」「耕す」「貯める」などと単刀直入な動詞が中心だったけれど、**いまはあるメカニズムを介した複雑な欲望を満たすものに切り替わってきている**わけです。これはおそるべきことだなと思いますが、良くも悪くもそうした言葉にまつわる領域がフロンティアになっていくと思いますね。

繊細、丁寧、緻密、簡潔以外の日本の可能性

――そんな美意識フロンティアに関して、原さんは「言葉にするなら〝繊細〟〝丁寧〟〝緻密〟〝簡潔〟。そんな価値観が根底にある。日本とはそういう国である」（『日本のデザイン』より）と言っていますす。この原さんの定義には僕も膝を打ちましたね。それを踏まえて、さらに僕が思うのが、繊細、丁寧、緻密、簡潔以外にも日本の文化的可能性はないのかということです。侘び寂びに通じるシンプリシティが日本の美意識としてずっとあると思う一方、「過剰なるもの」も日本文化の根底にあるのではと思うんですね。それは他の言葉に言い換えると「バサラ／かぶき者」という言葉で表現できるかもしれない。

現代において、バサラ／かぶき者であるものを挙げるならば以下のブランドやクリエイターが該当するのではないかと思います。コム デ ギャルソン、イッセイ ミヤケ、70年代の山本寛斎、writtenafterwardsの山縣良和、スタイリストの北村道子、ヘアメイクアーティストの加茂克也、村上隆、そして伊東豊雄と彼に師事した妹島和世・西沢立衛・藤本壮介のような建築家たち。

僕はコム デ ギャルソンはシンプルでストイックでありながらも、バサラでもあると思っています。僕はコム デ ギャルソンのパリコレを十数回見ていますが、海外のファッションジャ

ーナリストたちも口をあんぐりするくらいバサラなんですよね。でも、川久保玲さんやコムデ ギャルソンのスタッフたちはミニマムでモノトーンな格好しかしていません。コム デ ギャルソンは、極端なストイシズムとエクストラヴァガント＝過剰なものが同居している数少ないブランドのひとつです。これがもう少し緩く両立しているのが、先ほど名前を挙げた人たちです。

そうしたミニマリズムなものとエクストラヴァガントなものの両立に、日本の美意識のもうひとつの可能性があると思っていますが、この考えに関して原さんはどう思いますか？

原　すごくよく整理されていると思います。ただ、エンプティなものはコントロールできますが、バサラとは情動のようなものでしょう。だから、プランニングには入ってこない気がします（笑）。デザインはあくまでプランニングであって、バサラをプランニングすると言うと少し不遜な感じがします。しかしながら情動のようなものが創造性の起爆剤になることは常にあるわけですね。バサラと言ってしまうと、すべてそこに溶けてしまうので僕はあまり使わない言葉です。

緻密、丁寧、繊細、簡潔という日本の情緒を形作る感性の背後には「無常観」があると思います。ここで言う無常観とは、いまは元気だけど明日は死んでしまうかもしれない、いまは貧乏だけど明日は成功者になるかもしれない、というような常に移ろうことに諦観と覚悟を持つという感覚です。

理性的なデザインと感性の爆発の両立

――先ほど「欲望のエデュケーション」という言葉がありましたが、原さんが言わんとしていることは禁欲的な欲望のエデュケーションなのではないかと僕は解釈しています。過剰なものを求める精神と欲望のエデュケーションの両立というのは果たして可能ですか？

原　エデュケーションという言葉には「潜在しているものを引き出す」というニュアンスがあって、「教育」という言葉のイメージとは違うと思っています。しかしながら「バサラ」や「過剰」というのは、エデュケートされるものではなく、感性が爆発するものだと思っています。岡本太郎が「芸術は爆発だ！」と言うように、バサラというのは「べらぼうな」ことですよね。僕は今回の東京オリンピックのエンブレムのコンペでは、とにかく何か「べらぼう」なものを作ろうと思って岡本太郎を思い出しながらデザインしました。オリンピックは明らかにお祭り、バサラの爆発でしょう。そこに見合うものを作ろうと思ったわけで、これはもう理屈じゃない。

――**時々は原さんにも情動的な爆発が出てくるのですね？**

原　そりゃそうです。菅付さんが言ったように、日本にはストイックなものと、爆発的なものが拮抗しながらあったわけですからね。緻密、丁寧、繊細、簡潔なものだけを作っていけばよいという訳ではもちろんない。でもそれはことさら口に出していう筋のものじゃない。言わずもがなで、過剰を求める欲求も、間違いなく次の時代を開いていく突破口になると思います。（了）

2017年2月24日収録

8

これからのプロダクト

カタチではなく、
本質をデザインする時代へ

深澤直人

Naoto FUKASAWA
プロダクトデザイナー。2003年 NAOTO FUKASAWA DESIGN 設立。卓越した造形美とシンプルに徹したデザインで、イタリア、アメリカ、フランス、ドイツ、スイス、北欧、アジアなど世界を代表するブランドのデザインや、国内の大手メーカーのデザインとコンサルティングを多数手がける。デザインの領域は、腕時計や携帯電話などの小型情報機器からコンピュータとその関連機器、家電、生活雑貨用品、家具、インテリアなど幅広い。人間とものとを五感によって結びつける彼の仕事は、より大きな喜びを使い手に届けるものとして高く評価されている。2010〜2014年度グッドデザイン賞審査委員長。多摩美術大学教授。日本民藝館館長。

無印良品やB&B ITALIA、マルニ木工などの活動で、日本のプロダクトデザインを世界に知らしめる深澤直人さんは、「アフォーダンス」「スーパーノーマル」など、プロダクトデザインに斬新な概念を提唱し続けている。

深澤さんとは、彼が学科長となり新設した、多摩美術大学の統合デザイン学科でコミュニケーションデザイン論という講義を担当することを知人の推薦で依頼され、その打ち合わせで初めてお会いした。実は当初、多忙を理由に断るつもりで会ったのだが、「何を教えてもいいから、好きなようにやってください」との深澤さんの言葉にすっかりほだされて引き受けた。彼いわく「デザインを広く捉えた、デザインの狭い専門家的でないことを教えてほしい」。その言葉は彼の活動全般を貫いているように思う。

「すべてのモノはデザインされている。ただいいデザインが少ないだけ」と語るデザイン界の巨人は、モノが重要ではない時代に突入していることを認めた上で、それでも尽きぬデザインの魅力を語る。「僕は最後のプロダクトデザイナーとなるかも」という彼の先人ならではの自負と達観を感じさせるトークとなった。

デザインは本来、横断的で統合的

――深澤さんが多摩美術大学で始めた「統合デザイン」とは聞きなれない言葉ですが、この概念やネーミングの由来はなんですか？

深澤　ここでいう「統合」には二つの意味があります。

ひとつ目の意味は、デザインを従来の領域に限定せず横断的にやろう、という非常にわかりやすい意味です。デザインとしていままでカテゴライズされていた領域は、僕らデザイナーの実際の現場にはもはや存在していません。出版物や家電などの形を決めることに限らず、コミュニケーションのあり方や新しい事業領域の提案など、デザイナーの仕事の領域は広がっているからです。

二つ目は、僕たちの日常生活自体も統合されていて、実際のデザインの仕事も横断的につながっていて、分業もない、そういう状況を表現しています。

でも実のところを言えば、最初は〝Department of Design Embodiment〟、日本語にしたら「デザイン具体学科」というような名前にしようと思っていたんです。〝Embodiment〟には「具現化」という意味があって、「形を作る」というよりは「姿を与える」というニュアンンスが強い。まさに、**「何かを顕在化させる」というのがいま、僕らデザイナーに求められている力**ではないかと思っているので、そういう勉強ができる場を目指しました。そうしたら土壇場で文部科学省から「わかりにくい」とNGが来てしまったので、もう少しわかりやすいものにしようということで、「統合デザイン学科」に落ち着いたわけです。

その後、教師として仕事を始めてみると、非常に定型化された枠組みが日本にはあるということがわかってきました。いちいち段階を踏んで「こういうことを教えます」「こういう教え方でやってください」といった計画書や会議が必要なんですよ。だから今回、そうした規制がある中でも既存の枠組みを崩してくれるような先生に集まってもらいました。もちろん、先生だけではなく学生にも「どこを目指すんだろう」という迷いがあるのですが、そうした迷い方も含めて、ちょうど今のデザインのあり方を反映していると思っています。いまは「デザインって一体何?」ということが囁かれるような時代ですから。

僕はカテゴライズされない能力、それがクリエイティヴなのだと思います。いまは「デザイン」というカテゴリーがなくなってしまったわけだから、なくなろうとしているときに旧来のデザインの枠組みにしがみつくこと自体も難しい。僕らの時代は、デザインという枠組みはもっとはっきりしていました。でもいまは、「デザインの定義とは何ですか?」とみんな迷っている時代です。だから、学科の枠組みは作ったけれど、実際はどういう風にしていくのか学生も考え、先生も考え、周りもそれに注目する、という感じでこの3年間はやってきたわけです。ちょうど20世紀前半にドイツでバウハウスが生まれたときみたいにムーヴメントになって、時代の変化に対して的確に対処できる人々が集っている、そういう場所になればいいなと思っていますね。

デザインは義務でありミッション

——深澤さんはプロダクトデザイナーを志したきっかけについて、「高校生向けの雑誌に『工業デザインとは、工業製品を通じて人に夢を与える仕事』と書いてありました。その日にデザイナーになることを決めました」（『デザインの生態学』より）と書いていました。深澤さんにとってプロダクトデザインとは「人に夢を与える仕事」ですか？

深澤　まさに、僕がそのとき工業デザインが天職だと思ったのは、自分が作り出すものや描いたものによって世の中の人を幸せにできると知ったからです。デザイン以外のクリエイションは、現代アートがそうであるように、誰かにとっていい表現なのか悪い表現なのか、簡単には言えないですよね。**でも、デザインはもっと日常的なもので、それによって人をいい気持ちに**

させられるし、そうしなければいけないもの。たんに刺激的であるだけではダメで、いい刺激を与えなければいけないわけです。それを平たく言うと、夢とか幸せを与えるということになってくるんじゃないかなと思っています。

いい刺激とはいっても時代によって価値観は変わるので、必ずしもデザインのレベルが右肩上がりで上がっていくということはないと思っています。かつて人々がすごくひどい生活を送っていた時代もあったんだろうけど、いい生活の痕跡も遺産になって確実に残っている。こんなに昔の人の生活のレベルは高かったのかと思うこともよくあります。

だから、**プロダクトデザインの仕事は、いまの生活をよくしていくこと**だと言える。実際、ちょっとディテールを変えるだけでこんなによくなるよ、と言ってあげたくなる時が、いまでもたくさんあるんですよね。

その意味でも、デザインというのは自分の欲求から来るものではなく、義務としての仕事だと思っています。世の中から自分に、「あなたがデザインで世の中をよくする担当者でしょ」と課せられるようなもの、いわばミッションです。世の中に対するお医者さんみたいな感じです。そして裏を返せば、世間から「お前のやることは余計だよ」と言われたらそこで終わりだということ。そうならない限りは考えようという気持ちでデザインをしています。

――自分の仕事は参謀みたいなことだ、とも深澤さんはよくおっしゃっていますね。

深澤　みんながぼんやり思うことを具体的にしてあげると、人間は判断を早く、しっかりできるようになります。それがデザインシンキングというもの。とくに経営者のように無数の判断をする人にとっては、誰かそういう人がいた方がいいんです。

よく「デザイン思考」と言われて、デザイナーのごとく考えようとしても、そういう風に考えられないという経営者はいっぱいいます。そのときデザイナーは、**デザインをすることよりむしろ、その人の思考になってあげる、思考を貸してあげることの方が重要。**経営者は、デザインの参謀としていろいろデザイナーに意見を言わせて、それを自分で咀嚼していく。僕のいう参謀とはそういうことを指しています。

プロダクトデザインの本質は「ふさわしさ」

――深澤さんは「自分がこのモノをつくろうと思ったときの、このモノのふさわしい位置というのが見えていれば、一番長く生き延びる」（『デザインの輪郭』より）と言っていますよね。深澤さんが言う「ふさわしさ」とは、どのようなものなのですか？

深澤　「ふさわしさ」とは、デザイナーが作らなければいけないモノの、周囲との関係のことです。それがうまくいっていることを、僕は「ふさわしい」と呼んでいます。その「ふさわしさ」を知らないと、モノの輪郭線を引くことはできません。言い換えれば、**周囲のモノとの関係性があってはじめて、モノの輪郭線を引くことが可能になる**ということ。これから周囲に存在するであろう環境を予測し、モノにとって「ふさわしい」線を引く。僕が決めたモノの形がたまたま周囲の環境と調和して「ふさわしく」なる、というわけではないのです。

だから極端に言えば、その環境に合う「ふさわしい」ものがあれば、僕がわざわざモノの形を決めなくても、その「ふさわしい」ものをどこかから持ってくればいいとも言えます。「ふさわしい」モノを登場させることができれば、線を引くといったアプローチをしないということも、十分あり得るのです。「ここにあるより、こっちにある方がふさわしいでしょ」と言える人が、いまのデザインの現場では「ふさわしい」人なんだと思いますね。

――「ふさわしい」とはつまり、文脈的なものだと。

深澤　そう、文脈的。アンビエントとも言える。いまはすべてのモノがアンビエントに作用する。その意味では、どこに行っても周囲に適合する「ふさわしい」ものなどあるわけがありません。そうではなく、人格も人の心もすべてを含んで、ある特定の周囲に適合するものとして「ふさわしい」ものを考えることがデザインなのです。

――その「ふさわしい」ということと関連して、深澤さんは「張りが重要」ということも言っています。ここでの「張り」とはなんですか？

深澤　「張り」という言葉は、僕がアメリカにいたときに「どうやってデザインをしているんだ」とアメリカ人に訊かれて思いついた言葉です。**「張り」というのはつまり、モノの形のこと。**そのモノの表面的な表れと言ってもいい。

たとえば、みなさんは僕の立ち上がり方や喋り方、目の動きを見ることによって、僕がどれくらいの「張り」を出しているのかを嗅ぎ分けています。だから、あまり強い「張り」だと相手を威圧してしまうことになりますよね。

それをモノで言うなら、そのモノの持つ線の適切な強さがあるということ。したがって、**モノとモノの力関係を決めなければデザインは成り立たない**ということです。だから、ゆっくり引かなきゃいけない線によってできた形と、速く引かなきゃいけない線によってできた形とがそれぞれあって、それらは大きく異なるものです。

おもしろいエピソードがあります。そのときの話を聞いていたアメリカ人のなかで一人だけ、僕の話を聞いて怒っちゃった人がいたんですよ。若いデザイナーの子だったんだけれど、「なんでそんな本質を言い当ててしまうんだ」と言うんです。「自分はまだ勉強している途中なんだから、そんなハッキリとした答えを出すな」と(笑)。「張り」という言葉自体がアメリカにはなかったから、「なんで日本人はデザインの本質を的確に表現する言葉をもっているんだ」と、おののいてしまったんですよね。

――とはいえ日本人でも、そういった環境的なものや流動性を重視するプロダクトデザイナーは、これまであまりいなかったのではないですか?

深澤　そうですね。ただ単に、僕がそういうことを好きなだけかもしれません。なにせ僕は、子供の頃から「みんな、こういう風になってほしいと思っているよね」ということを探すのが好きでしたから(笑)。つまり、「なんでみんな当たり前に思っていることなのにそうなっていないのか」という感覚を、子供ながらにもっていたんです。

それはたとえば、「なんで目玉焼きの黄身はいつも真ん中にきてくれないのか、みんな真ん中にきてほしいと思ってるのに」というようなことです。目玉焼きを作っていて黄身が端に寄ったりしたら、みんな「上手く焼けなかったな」と思うじゃないですか。誰もが思うけれど、みんなそんなことはどうでもいいと思っているから、すぐに頭の片隅から消してしまうはず。でも僕は、モノを作る側に立った以上、そうしたことを全部拾い上げていかなければいけないと思っています。常に、「みんなこういう風に思うよな」「これはエラーだと感じるよな」ということを、自分の中で検索・検証する必要があるということです。

――深澤さんは「デザインとはその状況における適正解を出すことだと思うようになって、造形のためのデザインをやめた」(『NAOTO FUKASAWA』より)とも言っていて、この「適正解」という考え方にも近いものを感じるんですが、そうするとデザインから自分らしさをなくすということにはならないですか?

深澤　自分らしさはなくせないですよ。消そうとしても出てきてしまいます。デザインの振れ幅がある中で、ちょっとこっちに振ったらいいかなとか、違う方向に振ったらいいかなとか、自分がコントロールできる領域は必ず残るものです。

全てのデザインは相互作用

——関係性ということに関してもうひとつ、「インタラクション」という言葉を深澤さんはよく使っていますよね。本の中でも「環境との関係性をみているんです。モノをつくるという意味だけじゃなくて、人とコミュニケーションする意味でもインタラクションをデザインしている」（『デザインの生態学』より）と言っています。

深澤　インタラクションというのは相互作用のことです。インタラクション・デザインというと、PCのスクリーン上のもの、デスクトップのデザインをすることだとイメージされがちですが、僕がここで言うインタラクション・デザインとは、スクリーン上で動かせる操作環境を実際の物理的なモノに置き換えて考えているものです。

そうやって概念を拡張すると、たとえばいま、目の前にあるワイングラスのデザインも「インタラクション・デザイン」と呼ぶことができます。「グラスをどうやって持つか」といったモノとの相互関係を「インタラクション」と考え、デザインするのです。

そうすると、**全てのデザインはインタラクションと言ってしまっていいんじゃないか**と思うんです。実際に形あるモノを制作していくときも、相互的な行為や行動、何かに対してのリアクションをデザインに落とし込んでいくんです。

たとえば、人にあるモノを与えて、そこにいる人のリアクションから、そのモノにどんな作用があるかを学んだりします。その人のそのリアクションは適切で素直で自然なはずだから、その自然さからどうデザインしたら良いかを学ぶんです。

かつて僕がアメリカのデザイン会社IDEOで働いていたときに、日本的な感性を再発見したことがあります。日本は、インタラクションを「美的に」してきた国ではないか、と。端的に言えば、「所作」のことです。僕自身、別にそんなに好きな言葉ではないですが、日本的な美学を持つ相互作用のことをそう表現できるのではないかと思っています。

日本では、モノを作るときに所作を織り込んでいきます。**人がモノを扱うときにどういう所作に表れるかという感覚が、ひとつのモノを作る感性として確かにある。**モノだけでもないし、人だけでもない。その相互作用としての所作というものに、日本的美学があるのではないかと。そういうことに極端に神経がいっていて、繊細であるのが日本人の持つ感性なのかなと思いますね。

それはいまでもそうです。所作というのはモノに表れますが、東京という街を見回すと、あらゆる部分でそれを見て取ることができます。人間はもっといい加減じゃない？というようなところでも、決していい加減さがないんです。

僕はよく外国に行きますけれど、外国の人やモノはそんなにきちっとしてないですよ。もっと言えば、きちっとしている中にもレベルがあって、**日本の所作は極端にきちっとしているん**ですよ。しかもそれは、おそらく練習して身につけたものではないから不思議です。

――深澤さんは海外のクライアントともよく仕事をされていますが、そういう時は、海外のやり方に合わせ考え方をチェンジしていくのか、それとも同じ考え方を踏襲して日本と海外でも方法論は通底するものをやるのか、どちらですか？

深澤　僕はむしろ、フォーカスの先は人間であると考えています。**人間の所作は人間のインタラクションから来るものであって、そんなに人間は違う形ではないのだから、五感や考えることは大体どこの国でも同じ**なんです。だから、僕のプロダクツのデザインは日本らしいとも言えないし、どこの国らしいとも言えないモノになっている。

それは、最近僕がよく使う言葉で言うと「出汁をとる」みたいなことだと思っています。出汁だけとっておいて、味はつけません。ベースは同じで、味をつけるのはそれぞれのブランドに委ねるから、そこでミルクを入れるか醤油を入れるかで違いが生まれるわけです。

だから、デザインをする上で国ごとの好みの違いはあまり重要な問題ではなくて、むしろ出汁がうまいかまずいかが極めて重要。出汁の味については万国で感性が共通しているから、すぐにわかってしまうんです。

世の中のほとんどのデザインはダサい

――ちょっと意地悪な質問ですが、僕はいま、いろんなモノにデザインが介在し過ぎているんじゃないかと思っています。いろんな領域で、「デザインしています」というのが目に入り過ぎてしまうというか。それについてはどう考えていますか？

深澤　世の中にデザインしていないモノはありません。本当は、全部デザインなんです。だけど多くの人はそうではなく、〝いいデザイン〟だけを「デザイン」だと思っている。とはいえ、〝いいデザイン〟とは限らない。さきほども述べたように、**ほとんどのモノは他のモノとの関係性が「ふさわしく」ない**んです。**世の中のほとんどのデザインは本当のところはダサい**から、その「デザイン」も決して〝いいデザイン〟とは限らない。

――では、深澤さんが考える「いいデザイン」とは何ですか？

深澤　「いいデザイン」とは、感覚で受け取ったデザインのことです。一方で、「よいデザイン」というのもあって、それはあるひとつの正しい答えがあり、公式や定義があって、それに合っている、というようなもの。対して「いいデザイン」は、極めて感覚的なものです。論理的に考えて好きになるわけではないので、人はそれを拒否できないし、好きになってしまうんです。「でしょ?」と聞けば、「ねぇ!」と阿吽の呼吸で返ってくるようなデザイン。何にも説明しなくても、その「ねぇ!」を言わせたい。

いいデザインをするためには、ディテールへのこだわりが欠かせません。そして、モノのディテールを理解するためには「隅」と「縁《ふち》」という概念が必要です。隅がないと、人間はそのモノの全体像がわからない。つまり、隅に行ってみないと「表面」が何であるかがわからないということ。あるいは、空には縁がないから、空だけを見ていたらそれがどれだけ青いかがわからない。けれど、地平線という縁に到達すれば、その青さがよくわかる。ちょっと哲学的ですけれど、つまりはディテールがあるから全体がいいと思えるのだ、ということです。

だから基本的に、いいと思えるのは全体ではなくて、そこにディテールがあるからです。いいデザインを作るには、ディテールにこだわるしかない。どんなモノも、それを構成する細かな要素としてのディテールがあって、それがひとつの集合体となって成立しているものです。

だから、デザインをする対象はディテールでしかなくて、全体をデザインするということはあり得ないと思ったほうがいい。

「スーパーノーマル」で世の中の目を覚ます

――深澤さんはすごくインパクトのあるデザインが得意ですが、一方で「スーパーノーマル」という言葉で示されているような〝普通〟へのこだわりが強く感じられます。このこだわりとは、一体どこから来ているのですか？

深澤　一般的にデザイナーは、〝普通〟なモノは作っちゃいけないと思われています。世間が「デザイン」に期待するのはスペシャルなモノを作ることだからです。

そのときに僕があえて〝普通〟なモノを作ると、相手は最初は「普通じゃん」と失望しますが、そのとき「普通だと思っていたけれど、よく見るとなんかいいんじゃないか」と思わせることができれば、それはただの〝普通〟ではなくなって、「スーパーノーマル」になるんです。

僕らデザイナーには、世の中がある方向に行きかけているときに「こっちもあるよ」と、世の中の流れとは別なことをやっていくという役割があると思っています。そういう、「えいっ」と手を離したら一方に倒れてしまうような、そんな力がデザインとかクリエイションにはある。力は小さいけれど、大きな影響を与えることができる。

だから、「デザイナーはスペシャルなモノを作らなくてはいけない」という世の中の凝り固まった見方があるなかで「スーパーノーマル」という定義を出すことによって、世の中の目を覚ましたいと思っています。スペシャルな何かを探していたはずなのに、自分の目の前にあったものを見て「あれ？　僕らが求めていたのは本当はこれなのかもしれない」と思わせるような、オタオタ感を作りたいんです（笑）。

僕のプロダクトはたしかに薄味です。でも、薄味で美味しいものの方が、実はみんな感動してくれるんですよね。濃い味のものは確かにインパクトは強いけれど、感動は呼ばないと思う。「こんなに味が薄いのになんで美味しいんだ」というときの方が感動するんですよ。

――なるほど。それは深澤さんが経験から学んだことですか？

深澤　いまそう訊かれて、僕はこれまでモノを人間関係に置き換えて考えていたんだと気づきました。どんな人間がその場にふさわしいかということを、周りの態度とか自分の状態からすごく考えている。それをモノに置き換えたらどうなるだろうということです。僕の発想の根本にあるのは、人間と環境の関係だと思っていたけれど、結局それは人間関係かもしれない。人間と環境の関係の方がずっと素直なのに対して、人間関係は難しい。そんな難しい関係性にある「ふさわしさ」をモノに置き換えて、客観的に判断しているのかもしれません。

——それはかなり高度な判断ですね。同じプロダクトデザイナーのジャスパー・モリソンが深澤さんの作品集『NAOTO FUKASAWA』（ファイドン）の中で「既存の定義を超えて考え、気づかないことに気づく。これが深澤直人の特徴である」と言っていて、これは素晴らしい一文だと思います。既存の考え方や役割を超えて考え、気づくことはとても難しいと思うんですけれども、それをやる方法論はなんですか？

深澤　「気づかせる」ということです。自分の中でも気づきがあるし、他人にも気づきがあります。でも、人に気づかせてあげるというのはおこがましいから、直接的ではないようにやらなければいけない。それがデザインだと思っています。

要は、差し出すんじゃなくて、差し伸べるということ。そうすると、差し伸べられた人ははじめは全然気がつかないんだけど、ある瞬間に「あれっ？」というふうに気づく。だから、経済的には非効率なことかもしれないけれど、人々が気づくそのときまで待たないといけません。

そのときまで差し出しておく必要があるんです。

最近は、世の中の人間のセンサーの感度が高くなっていると思います。だから、みんなが気づくようにきっかけを作るけれど、そのきっかけはできるだけ小さいほうがいい。たとえば、いままではパジャマなんてなんでもいいと思っていたけれど、実はその質感次第で眠りの質が上がるということが知られるようになると、高いパジャマを買うことが当たり前の世の中になっていく。そのときデザインは、パジャマの質感を出すことそのものにあるのではなく、「その質感がわかるセンサーがあなたにはある」という気づきを与えることにある。いまはそういうことが求められる時代だと思っています。でもきっかけは小さい方がいい。山登りで言えば、手を掛けるための溝が浅ければ浅いほど得意というように（笑）。誰でもひっかけられるような大きな溝ではつまらない。「こんなところによく指がひっかかるな」ということに気づける人には、気づきを差し伸べられる。

そのとき気づきを得られる人というのは、センスがあるのに気づいていない人のことです。大衆のパワーに紛れてしまって、気づきにくくなっている。だから、デザインの質が全然わからないような人にわかってもらおうとしてデザインしているわけではないんです。**気づいていない人にフッとしたときに「ああ、そうなのか」とわかってもらう方が、誰にでもわかる装飾を手がけるよりずっと難しいし、やっていかなきゃいけないこと**だと思っています。この人は最初から絶対にわかっているだろうという人に向けて手を差し伸べるのは簡単だけれど、デザインの仕事はそうではない。素質があるけれど気づいていない人に気づいてもらうためにいろいろな手を使わなければならない。

――深澤さんはよく、「意図がかたちに出てしまっているものがきらい」（『デザインの生態学』より）と言っています。プロダクトデザイナーにしてはかなり変わった発言ですよね。

深澤　きらいなのは言葉の通り「意図的」なものだからですよ。意図的なものは自然じゃない、つまり画策しているものですよね。意味は自然発生するものだから、自分で「こう思ってほしい」と作り込むのは最悪ですよ。それは相手に委ねないと。そして、相手が本当に自分が思っている通りに解釈してくれたら、それに感謝しないといけない。

――深澤さんは著書などでも「装飾や華飾が好きになれない」と発言されています。

深澤　デザインの定義は元来、装飾をすることです。中世のヨーロッパや昔の日本の工業製品を見ても、圧倒的に装飾の世界になっている。それを意匠とかデザインと呼んでいた時代がずっと長くあったんですが、僕はその考え方が好きになれなかった。かつてであれば、そういうことを言うデザイナーは珍しかったと思いますが、いまとなってはみんなその方向性になっていますよね。じわじわと、シンプルでアノニマス（匿名的）なものが好まれるようになっている。そういうときに、ただシンプルなだけではない、次の時代に合った表現を考えなければいけないなと思っています。いまはただ単純にシンプルだということ自体には価値がなくなっていて、もうひとつ何か特徴がないといけない。そんなとき、いまここでトークをしている代官山蔦屋書店のように、コンプレックス（複雑）なものが必要ではないかとは思っています。

ほとんどの日本のデザイナーは短命なデザインをしている

――プロダクトデザインは産業との関わりで生まれるものですが、深澤さんは、「ほとんどの日本のデザイナーは、短命なデザインに携わっています」（『デザインの生態学』より）と発言している。短い消費サイクルの中でデザインに関わることがどうしても多いのではないか、と。

深澤　短命なものであっても、機能がリファインされたり向上したりしているものは、絶対に新しいものの方が正しいですし、それで問題はないと思います。短命なモノというのはつまり、電化製品であれば過去のモノの処理性能が遅かったり使い勝手が悪かったりして、それがちゃんとリファインメントされたことの証だから。

むしろ**問題なのは、商品を買わせるためのマイナーチェンジからくる短命なデザイン**です。車の顔だけ変えました、というようなもの。そうした短命なデザインに関わるのは苦しいと思います。買う方もマイナーチェンジの意図はわかっていて、「なんで前の方が良かったのに変えちゃうんだよ」と思っているけれど、その一方で「今度の車はこういう装置が新しくついています」と言われたら、人間の性としてそっちを買いたくなるもの。

——確かにデザインには「計画的陳腐化」という言葉もありますが、資本主義を過剰な消費に向けてドライブさせる側面もありますよね。深澤さんも「私は、デザイナーが今の日本の生産と販売のシステムの中でデザインすることに、内心はしらけているのではないかと思っています。自分がデザインに込めたエナジーや思いが、どんどん消費されていく虚しさを感じているのではないかと思っているのです」（『デザインの生態学』より）と言っている。消費者も同じことを感じていると僕は思うんですよね。

深澤　菅付さんの唱える「物欲なき世界」ですね。しかし、今後、モノは確実に少なくなっていく。これは明白ですよね。世の中が明白に整然としていって、モノで溢れているということはなくなっていく。僕らの世代の生活は、モノを買ったり、収集したりすることで成り立っていました。でも、いまの若い人たちは物欲の時代を生きていないと感じます。**整然とした時代しか生きていない。**それは素晴らしいことだと思います。

たとえば、某有名テレビメーカーはいま、テレビ枠の真ん中の下の部分にブランド名をつけていません。先日これを初めて見てとても驚きました。ブランド名をつけられないほど縁の部分が細くなったということですが、いままでテレビのデザインをするときはみんな、この縁の部分のデザインで勝負していたんです。

これこそ、モノではなく、コンテンツだけが見られているということです。テレビだったら、それがいいかどうかを判断する基準は、ディスプレイの美しさであったり、テレビ自体の機能の豊富さであったり、そうしたものだけになっている。

ＴＶ以外でもそう。エアコンをつくる工業デザイナーも、どんな空気が来てほしいかを考えている。**デザインをする部分が本質的になってきた**ということです。

僕はテレビのモニターのデザインもいっぱい手がけてきましたし、自分としてはそれらは超素晴らしい造形だと思っていたんですけれど、いまは全く意味がないことだなとも思っています。

――プロダクトデザイナーとしては、そのことに虚しさを感じたりしませんか？

深澤　全くありません。デザインを見る人が、その時代の感性でそのときなりに良いと思ってくれたら、やってよかったなと思いますから。でも、人はモノを持つということに対して満足しなくなってきた。だから、いまは満足することを他に探さなきゃいけない。

――関心や行動が、なるべく経験的であり対人関係的なものにどんどんいくんでしょうね。話題を変えますが、日本のデザインについて、日本は小さくて、細かいディテールのデザインは得意だけれど、グランドデザインは苦手だという定説があります。これについてはどう思いますか？

深澤　OSのような基盤となるシステムを作るということにアメリカなどは慣れています。人々の間に大きな個人差があって、それを許容しないといけない大きな器があるから、社会全体が乗れるモノを作らないと、みんな外国に出て行ってしまう。でも、日本には基盤となるシステムがなくても、人間に凹凸があって、凹んだり飛び出したりする許容量を持っているからいいんだと思いますね。

たとえば、新幹線に乗るときは乗車券と特急券の2枚の切符が必要で、自動改札機にどちらか1枚しか入れないと扉が閉まっちゃいますよね。そういうとき、日本人はごめんなさいと言うんです。ごめんなさいと言うのは、自分がシステムを知らなかったということを恥じているからなんですね。アメリカではありえないですよ。この違いはどうしてだろうと考えると、それくらい人間側のインタラクションに対しての許容量が高いからだと思うんですね。人間がシステムに寄っていくんです。許容量が高すぎちゃうから、基盤となるシステムが貧弱な世界でも、それなりにみんなが合わせていってうまくいっちゃう。そういうことができますから、逆にグランドデザインはやりづらいんです。ですから、日本はインタラクションをさらに美的に発展できると思いますよ。そこはなかなか譲らないところではないかと思います。

僕は最後のプロダクトデザイナーになるかも

――僕の『物欲なき世界』の中で、無印良品で開催されたトークでの深澤さんの発言を取り上げています。「携帯電話を例にとると、SIMカードやSDカードだけが自分のモノで、外側の端末は自分の都合で取り換えていけばいいという考え。つまりモノの機能は利用するけれど、自分が保有するという考え方がなくなっていくのが、これからの潮流だと思っています」と深澤さんは時代の潮流について肯定的に語ってましたが、この流れはもうしょうがないと思っていますか？

深澤　はい。なんでそんなところに個性を表現しなきゃいけないんだ、と思いますね。

──携帯電話のINFOBARをデザインした深澤さんがそう言うとは驚きました（笑）。

深澤　いや、INFOBARはシェアウェアですよ。みんなにウケるように考えたんですから。短い期間ですけれど、社会現象となってみんなが同じモノを持っていました。INFOBARみたいにどちらかというとみんながシェアするモノを考えるというのが自分の立場です。

──つまり、形がなくてもみんながシェアできるのならいい、ということですか？　すごい達観ですね。では、これからのNAOTO FUKASAWA DESIGNは一体どうなっていくんですか？

深澤　人間の体がある限り、個として残るものはいっぱいありますよ。でも、そこはデザイナー同士しのぎを削っていかなければならない。誰でもデザインができるということはなくなって、人間同士、デザイナー同士の中で選択され、淘汰されていくのだと思います。世の中の仕組みはみんなそうなっていますから。だから「このような勉強をしたらデザイナーになれます」という仕組みで僕はやりたくありません。そういう枠組みは変えたほうがいいし、僕はそうやって生きてきた。そういう中でこそ、クリエイションが育まれていくと思う。たとえば、椅子はいつの時代もなくならないだろうから、僕はこれからも椅子を作るでしょう。

さらに言えば、モノを大切に残していくブランドを作りたいとも思っています。あるフランスのブランドは、昔は馬の鞍を作っていたけれどいまは家具を作っていて、多くの人々に昔もいまも愛されています。だから僕も、たとえば、工芸・民芸にデザインを組み合わせたりして、昔からの形を守っている人たち、いわゆる職人のようになっていいデザインを残したいと思っています。

そう考えるのは社会的に見れば少数派かもしれないけれど、**人からデザインを求められることは大きな力になる**と思っています。人工知能が発達して、ひょっとすると僕は最後のプロダクトデザイナーになるかもしれませんが（笑）、これからやってくる時代はクリエイティヴにとっていい時代だろうと、僕は思っています。政治にしても経済にしても、昔より複雑になってきて、クリエイティヴな仕事は、コンピュータの暗黙知が発達してこなせる時代になるのかもしれませんが、僕自身は最後まで残ったプロダクトデザイナーくらいの気概で仕事をしていきたいと思いますね。（了）

2016年11月16日収録

9

これからの文学

「個人」の限界を超えて 文学にできること

平野啓一郎

Keiichiro HIRANO
小説家。1975年愛知県生まれ。京都大学法学部卒業。1999年在学中に文芸誌『新潮』に投稿した『日蝕』により第120回芥川賞を受賞。著書は小説に『日蝕』『一月物語』『葬送』（いずれも新潮社）『滴り落ちる時計たちの波紋』（文藝春秋）『決壊』（新潮社、芸術選奨文部科学大臣新人賞受賞）『ドーン』（講談社、Bunkamuraドゥマゴ文学賞受賞）『かたちだけの愛』（中央公論新社）『空白を満たしなさい』（講談社）『透明な迷宮』（新潮社）『マチネの終わりに』（毎日新聞出版）、エッセイ・対談集に『私とは何か――「個人」から「分人」へ』（講談社）『「生命力」の行方～変わりゆく世界と分人主義』（講談社）などがある。2014年、フランス芸術文化勲章シュヴァリエを受章。

撮影：瀧本幹也

デビュー作でいきなり芥川賞を受賞し、その後次々と題材やスタイルを変えて話題の本を世に送り出し続ける平野啓一郎さんは、「いま、小説を書く／読むとはどういうことか？」という問いに最も自覚的な作家であると言えるだろう。中世のヨーロッパから未来の火星探検、そして冷酷な連続殺人犯から心震わせる純愛まで、平野さんは驚異的な取材力と表現力で、現在の信じられるフィクション（嘘）を描き出す。

変貌する社会の緻密なディテール描写と、数千年変わらない人間性の本質をつなぐ物語の書き手は、小説を曖昧なファンタジーではなく「厳密に条件づけをしながら問題を考えていく営み」として、最新の信じられる厳密な嘘を書き続けている。

小説が特別扱いされない時代

――「小説というカテゴリーがなくなるのではないか」とか「小説家といった職業はなくなるのではないか」ということが、1980年代後半から言われてきましたよね。とくに近代文学のアンチテーゼとして「ポストモダン文学」といったことも言われ、もはやパロディのようなものしかやるべきことはない、などと真面目に論じられたりもしました。しかし、それから30年が過ぎたいまも小説は存在し、小説家も読者も存在しています。

平野さんはそれら「小説の終わり」という言葉をかいくぐってデビューしていまに至るわけですが、現在における小説の役割とは、どのようなものだと思いますか？

平野　まず僕は、小説の書き方というのがすごく変わったと思っています。

たとえば、19世紀の小説の書き方というと、『ゴリオ爺さん』のオノレ・ド・バルザックや『ボヴァリー夫人』のギュスターヴ・フローベールのような小説家が浮かんできて、具体的にイメージが湧きますよね。20世紀にも20世紀の小説の書き方があったと思います。

では、21世紀の小説の書き方はどうかと考えたとき、これまでと比べるとかなり大変な状況の中で書かなければならなくなっていると感じます。というのも、21世紀にはもはや「小説を読まなければならない」といった、小説を立派なものと特別視するような考え方が存在しないからです。

現代の人々に1~2時間ぐらいの自由時間があった場合、おそらくごくフラットに「SNSをする」とか「映画を観る」といった選択肢が並ぶと思います。このとき、昔であれば特別視されていた「小説を読む」という行為は、その選択肢のひとつに過ぎなくなっている。言い換えれば、**これだけ選択肢が数多くある中で、人々に「それでも小説を読む」と思わせる何かがなければ、もう小説は読まれなくなっている**んです。「この1時間、SNSをやらないで小説を読んで、無駄にならなかった」という気にさせるものがなければならない。人々はお金の使い方よりも時間の使い方にはるかにシビアになっています。そうした時代のなかで、小説の書き方はすごく変わったと思っていますね。

「小説の終わり」ということに関して言えば、僕自身「近代が終わって、いまはポストモダンの時代だ」といったような言説を耳目にするたびに「本当にみんなそういうことを真面目に考えているんだろうか」という疑いの気持ちを持っていました。僕はそれまで、小説がすごく好きでおもしろいと思って読んできただけに、「小説は終わった」なんて言われても「本当にそうなのかな」という不信を感じていたんです。

エクスタシーと日常的感覚のジレンマ

――平野さんが小説家になることを意識したのはいつごろだったんですか？

平野　大学のころですかね。小説を読むのはずっと好きで、高校時代にも小説を書いたりしていました。それはでも、ただ書きたかったから書いたという感じで。小説を書いて食べていくことはできないだろうかと考えだしたのは大学生になってからです。

――京都大学の学生だったとき、処女作となった『日蝕』（新潮社、１９９８）を書いて投稿したんですよね。それが１９９８年の第１２０回芥川賞受賞作になって、たいへんな話題になりました。

平野　自分でもびっくりしましたよ。僕は大学に5年間行っていて、当時学生といっても〝一留〟の身でした。原稿が『新潮』に載ったのは23歳のときです。

芥川賞というのは自分で応募して選ばれる賞ではなくて、その年の上半期と下半期の新人が書いた話題作品から日本文学振興会が選んでノミネートするもので、基本的には原稿用紙

200枚以内の短編小説にあたえられる賞なんですが、僕の『日蝕』は250枚と長かった。だから、僕も編集担当者もノミネートされるとは思っていなかったんです。ところが候補作品になったと知って驚いて、受賞してもっとびっくりしました。

――世の中は、すごく若い人が受賞したということに驚くとともに、『日蝕』の文体にも驚いたと思います。「冀《こいねがわく》は、上《かみ》の誓いと倶《とも》に、下《しも》の拙き言葉《つたな》の数々が主の御許《おんもと》へと到《とど》かむことを」といったような擬古文体を使って、中世キリスト教の世界を表現するという……。

平野 僕が書こうとしていた世界を書くには、あの時期に読んでいた日本語ではどうしても飽き足らない部分があったんです。一方で、明治文語文のような文体には可能性があると感じていました。和文脈、漢文脈、それにヨーロッパから輸入された欧文的なストラクチャーが融合して、みずみずしさがあって、漢字の使い方も自由で。森鷗外の、とくに史伝物の影響を受けていましたね。

――『日蝕』に続いて、1999年に『一月物語《いちげつものがたり》』(新潮社)、2002年に『葬送』(同)を発表します。それぞれ明治30年の奈良と19世紀のパリを描いていて、いずれも同時代とは関

わりのない題材を選ばれていますよね。

その背後には、「いま」を書くことへの抵抗のようなものがあったのですか？

平野　抵抗があったというほどではないんですが、大学時代を過ごしていた１９９０年代の末はなにか鬱屈したものがありましたね。冷戦が終わって、アメリカが世界の〝暫定チャンピオン〟のようになって、阪神大震災、オウム事件、酒鬼薔薇事件と、気が滅入るようなできごとが続いていたから。もっと現実的なところでは、就職氷河期ということが言われ出してもいました。そうした息苦しい状況のなかでは、**なにか美的体験を通じて、その世界から一瞬でも超越するような非日常体験をしたい**と思わずにいられなかったんです。それに共感してくれた読者もけっこういました。

それに、当時僕が読んでいた本が、ミルチャ・エリアーデやジョルジュ・バタイユといった、神秘主義に根ざした20世紀の思想みたいなものが中心で、それらにかなり影響を受けていたということもあります。彼らは疑似宗教体験的な芸術体験というのを唱えていて、僕はそれにかなり共感をしていたんです。それで、文学を通じて「疑似宗教的な体験ができないか」といったことも考えるようになっていました。『日蝕』はまさにそういうような小説だったし、『一月物語』あたりまでは、「もう自分は神秘主義者でいいんだ」ぐらいの気でいましたね。

けれども『一月物語』まで書いた段階で、**たとえ現実を忘れるような強烈なエクスタシーの快感を得られたとしても、結局また日常に戻ってこなければならない、**ということを強く意識するようになったんです。そして『葬送』を書いているうちに、やはり現実世界の問題を考えなければならない、と思うようになりました。

現実世界の問題に対峙して時代の閉塞感を打破するためには、近視眼的に「いまこんな問題があるからこうしたらよい」と小さく当たるより、もっと大きな視野をもつ必要がある。それで、作家としていまの時代に向き合うためのパースペクティヴをもちたい、と考えるようになりました。

「社会構造のなかで人間は生きている」という考え方

――その後、平野さんは2003年発表の『高瀬川』（講談社）をはじめとして、短編・中編を集めた作品を出していきます。2004年の『滴り落ちる時計たちの波紋』（文藝春秋）、2006年の『顔のない裸体たち』（新潮社）、そして2007年の『あなたが、いなかった、あなた』（同）。そうした作品からは、スタイルを変えるなどして実験性をもたせようとしていることが感じられます。それは、意図的にそれまでの近代以前を描く作品に区切りをつけて、

現在という時代を別の形で捉えていきたいという考えがあったからなのですか？

平野　半分は意図的に、半分は必然的にそうなったのだと思っています。この時期は、僕のそれなりに長い創作活動の中でも最も微妙な評価を下された時期で、読者もずいぶんと減ってしまいました。けれどもいまとなっては、この時期にいろいろとやっておかなければその後の長編小説はどれひとつとして書けなかっただろうと思っています。

時代背景として、2001年に「9・11」が起きて、インターネットでは2005年ごろから「ウェブ2・0」と呼ばれる状況が一般に広まってきていました。当時僕は、「この二つが世界を変えてしまうだろう」と感じていたんです。『日蝕』などでやってきたような19世紀的な小説の書き方ではカバーできない問題が確実に起きている、と。その問題というのは、メディア論的な問題もそうだし、時間感覚の問題や、それに言葉の問題もそうです。

それで僕は、短編作品や中編作品で新しい書き方を実験してみようと考えたんです。そしてそのためには、大きな初版部数をつける大手出版社から作品を出し続ける必要があります。実験をするのであれば、ある程度の規模の読者に読んでもらって、自分の試みがどれくらい効果的だったのかを感じることができなければなりません。3000人や4000人ぐらいの少ない数の読者数だと、読む人みんなが理解してくれるような作家になってしまって、実験にならなないんですね。最低でも1万数千人の読者規模で、いろんな人が読むなかでどのくらい実験がうまくいっているかを検証する必要がありました。

結果として、短編集でありながら1万8000部ほど売れた作品もありました。でも、『あなたが、いなかった、あなた』は1万部そこそこしか売れず、読者がついてこれていないな、という感じがしてきてもいましたね。

とはいえ、この時期の4作品を通じて、いまの時代を描くときになにが問題の核心なのかが僕なりに見えてきたことは、成果のひとつだと思っています。

――実験の時期を経て、平野さんは2008年に長編『決壊』（新潮社）を出して新境地を開拓します。連続猟奇殺人事件を描く、社会派リアリズムとして分類されることも多いこの作品には、なんといっても悪魔のような名言が数多く登場するのが特徴的ですね。たとえば、犯人の言葉として「世界に内在する悪魔性を出現させ、明らかにする」という表現があり、僕はこの言葉がとくに強く印象に残っています。

平野　社会的に孤立して不満を抱えているような人たちを、インターネットを通じて一本釣りのようにスカウトし、彼らにテロを起こさせる。その土壌となるような社会的不満が潜在していて、それが時代をある方向へ導いているということを、僕はこの時期にすごく感じていたんです。数年が経ったいま、ＩＳ（Islamic State）がやっていることなんかはまさにそれだと思います。

――この作品で、平野さんの作風が激的に変わったと僕は感じたのですが、ご自身のなかで新たな文学に挑みたいという心境があったのですか？

平野　いえ、それがそうでもなくて。「新しい文学を創ろう」なんて意識すると、どうしてもそれまでの文学と比較して小説を書こうとしてしまいます。そうすることで文壇的に新しい作品に見えたとしても、それが本当に新しい時代における新しい作品となっているかどうかはまた別の問題ですよね。もし方向を誤ると、気づいたら文壇内でのみ「新しい文学を創っている」と認められていて、社会とは大きくずれてしまっている、なんて状況に陥りかねませんから。

むしろ僕は、この時期から意識的に文学以外のジャンルの人と接点をもつようにしていきました。文学にはあまり興味がないけれどとてもクリエイティヴな仕事をしている人というのは少なからず存在します。彼らが僕の小説を読んだときに、どんな作品をどうおもしろいと感じてくれるのかを気にするようになったんです。僕が音楽や映画から影響を受けているように、僕の作品から影響を受けるクリエイティヴな人がいたらいいな、とも。いまでもこのことは意識していますね。

――『決壊』で描かれている主人公は、妻や子どもと平和な家庭を築いているはずなのに、兄や自分の人生への違和感をネットの匿名日記に記しています。まさに現代のネット社会を象徴するようなキャラクターだと思いますが、平野さんはこうした人物像をどう作り上げていくのですか？

平野　僕が小説の登場人物について書くときは、その人の人生を個人の人格的問題に帰着させて書くのではなく、**「その人物はそのときの社会構造のなかで生きている」**という考えにもとづいて、社会的背景とともに書くことをつねに心がけています。それは、そうしないといつも自己責任論のような話で終わってしまって、問題に対峙したことにはならないだろうという思いが強いからです。

しかしこの「社会構造のなかで人間は生きている」という考え方を突き詰めていくと、個人の幸せも不幸せも結局、あるシステムのなかで起きているただの現象に過ぎないように見えてきてしまいます。そうすると、自分自身が苦悩するその根拠さえも希薄に思えてきて、悩み抜くことすらできなくなってしまう。

だから当時、２０００年代前半の僕の心境といえばとにかく絶望的なものでした。社会に対してかなり暗い感覚をもっていて、本当に嫌な気分だったんです。『決壊』は、結果的にそうした心境が反映された小説になったと思います。月次な言い方をすれば、いま読むと自分が書いた小説ではないような、半分は時代が書かせたような感じがするんです。

それと同時に、**「個人」という概念が社会システムを考えていく上で限界に来ている**、ということもつくづく感じていました。近代小説は、端的に言うと「個人を中心とした対人関係を描く」というモデルで組み立てられてきたものです。でも、いまの時代を書こうと思ったとき、近代小説のモデルで「個人」という概念を最小単位にして小説を組み立てていこうとしても、それはもはや不可能なんですよ。

――平野さんは以前、現代においては「個人」という単位は大雑把すぎて、私たちの生活にはもはや対応しきれなくなっている、と述べていますね。

平野　ええ。「個人」の概念で現代について書いているかぎり、どうしても「主人公は救われない」という結果になってしまいます。だから、「個人」の世界観と思想で考え、生きつづけていくかぎりは、やはりこの現状が限界なのだということをきちんと書かなければいけない気がしたんです。

けれどもその結果、読者に対して強い負荷をかけてしまった。「あなたの言いたいことは痛いほどわかりました。じゃあ、どうやって生きていけばいいんですか」といった切実な手紙を、けっこう多くいただいたんですよ。雑誌で著者インタビューを受けても、記者から「すごく感動したのですが、私が大事にしていたものが壊れてしまった気もします」と、真面目に訴えられたこともありました。

社会派リアリズムという意味で言えば、社会矛盾を指摘すればその作品は役割を果たしたことになる、という考え方もできるかもしれません。貧困や社会保障にもっと対策を打たなければいけない、などと言ってその分野に存在する問題を指摘すれば、その作品は役に立ったと言える部分はある。

しかし、近視眼的にではなく大きな視野を持って、アイデンティティに対する根本的な考え方とか、社会システム自体の限界とか、そうしたことについて書いていった場合には、「じゃあどうやって生きていけばいいんですか」という問題に突き当たってしまう。そのことが『決壊』でよくわかったんです。それは突き詰めると、絶望感のなかにいる僕自身が「じゃあ、どうやって生きていくんだろうか」ということを考えなければならない、そうしないと生きていけないんだという思いに至った、ということだとも言えます。

そこで、次の小説『ドーン』（講談社、２００９）において、いま「分人」や「分人主義」と呼んでいるものを概念化していきました。

「個人」ではなく「分人」
〝いろいろな自分〟がいるということの救い

――「分人」は、「個人」という概念から脱して人間の基本単位を考え直すために、平野さんが導入した言葉であり概念ですね。平野さんの新書『私とは何か――「個人」から「分人」へ』（講談社現代新書、２０１２）のなかで、「たった一つの〝本当の自分〟など存在しない。裏返して言うならば、対人関係ごとに見せる複数の顔が、すべて〝本当の自分〟である」として、個人より一回り小さな「分人」という単位で人間を見ることを提案しています。

この「分人」の概念を示した小説が、２００９年発表の『ドーン』でした。この小説は、人類で初めて火星に降り立った6人の宇宙飛行士のうちの一人である日本人を主人公にしたものですが、どういう経緯で『ドーン』で「分人」という概念を前面に出すに至ったのですか？

平野 『決壊』を書き終えた後に、たまたま火星への有人宇宙飛行をテーマにしたBBCのドキュメンタリー番組を視聴したんです。その番組で地球と火星を行き来するのに3年ほどかかると言っているのを見て、僕は素朴に「宇宙船で6人ぐらいが閉じ込められて3年間まったく外界に出られないという状況だと、どんな仲良しでもやっぱり耐えられないんじゃないか」と思ったんですが、そのとき「でも、どうして耐えられないのだろうか」と考えたんです。たとえば会社で嫌なことがあれば、家に帰って気を鎮めたり友だちと飲みに行って発散したりして精神を保とうとするけれど、同じ人どうしで3年間も一緒にいなければいけないとなるときっと耐えられないと感じるだろう。それはいったいどうしてなのだろうか、と。

そう考えたのも、『決壊』の主人公が「自分は対人関係ごとにいろんな自分を使い分けている」ということに空虚感を覚えていて、それがどこか引っかかっていたからなんです。そんなときにBBCの番組を観て、「やっぱり人は〝いろいろな自分〟を生きているからこそ精神のバランスを保てているのではないか」と考えるに至り、〝いろいろな自分〟がいることを肯定的に捉えることができるようになったのですが、それがなぜかを考えようとしたというわけですね。

日本語で「個人」と訳される英語の〝individual〟という言葉の語源を考えてみると、ヨーロッパにおける一神教の考えと結びついていることがわかります。つまり、神は一者であるのだから、向かい合う人間も〝本当の自分〟は一個でなければならない、という考えです。だから近代以降の社会は、「個人」を最小単位として社会をデザインしようとしてきたわけです。

そこで僕は、〝individual〟**という概念を複数からなるものにしていくことが、『決壊』における「個人」が達した限界に対するブレイクスルーになるのではないか**と考えた。そして「分人」という概念をつくり、『ドーン』を書き始めたんです。

担当の編集者は初めこの概念に戸惑ったようで、すぐには理解されなかったんですが、具体例とともに話していくことで最終的に納得してもらうことができました。そうして、この概念はやはり有効なのだと確信するに至ったわけです。

——2012年の『空白を満たしなさい』（講談社）では、「分人主義」という言葉を明確に出していて、この概念の作品における比重も大きくなっていますね。

平野　ええ。「分人主義」を説明するにはそのための記述が必要なので、それまではあえてこの言葉を使わないようにしていたんです。でもそのせいで、「分人」と表現すれば一言で済むところを3行もかけて説明しなければならない場面が何か所かあって、「分人」を使わないがために曖昧になってしまったといううらみがありました。『空白を満たしなさい』のときも言葉として出すかどうか悩んだ挙句、「分人」を使って書かないと、話が内容的に込み入っているだけに余計に理解しづらくなるだろうと考え、あえてこの作品では明確に使うことにしたんです。

――『空白を満たしなさい』のテーマは「自殺」でした。自殺する人は死にたいのでなく、むしろ生きたいのではないかと思った、と平野さんは言っていましたね。

平野　自殺にかぎらず他殺であっても、「殺したい」という感情と「いなくなってほしい」という感情が結びついてしまうことはよくあると思うんです。「もう消えてしまいたい」あるいは「もうあんなやついなくなってほしい」と感じることが人にはあって、そのときその手段が「死ぬ」あるいは「殺す」ということになるのかもしれないけれど、本当は死にたいわけでも殺したいわけでもなく、ただ「消えたい」「消えてほしい」という感覚である場合もあると思うんですよね。

それに自殺の場合、いくつかの人格を生きているなかの〝つらい自分の部分〟を消したいということと〝自分全体の命を絶ちたい〟ということが混同されてしまっている可能性がある。この二つを分けて考えることができれば、自殺を踏みとどまれる人がいるかもしれない。そう考えて書いたのが『空白を満たしなさい』でした。

――『ドーン』から『空白を満たしなさい』までの作品における雰囲気は、『決壊』を書いた小説家が書いたとは思えないものですよね。とくに、『ドーン』の愛に満ちた美しいエンディングは、いまもたまに読み返すことがありますよ。

平野　『決壊』を書いていて、その重さに僕自身の精神もすこし「決壊」してしまっていたところがあって（笑）、そのリハビリテーションがしばらくのあいだ続いていたような気がしますね。そのとき思ったのは、きれいごとでは自分は立ち直れないし、根性論や表面的な癒やしではなく、理屈として立ち直り方を考えていかなければいけないということ。もっと明るい方向を向いていないといけないと、この時期には強く感じていました。それがこの頃の作品のトーンに全体的に反映されている気がします。

『ドーン』の次の『かたちだけの愛』、その次の『空白を満たしなさい』まで書いたことで、こうしたリハビリテーションに一段落ついた感はありますね。

一文の魅力で読者にページをめくらせたい

――2016年の長編小説『マチネの終わりに』(毎日新聞出版)は15万部を突破したベストセラーになっていますが、いままでの平野さんの作風とはまた変わったポジティブな恋愛小説になっていますよね。しかし、単に作風が変化したというだけでなく、これまでの流れがすべて昇華されているような感じもしました。この作品の構想はどこから来ているのですか?

平野　僕自身が父親の享年を超えたということが、ひとつある気がしますね。父は36歳で亡くなったんです。僕は1975年生まれなので、父の享年を超えてもう6年経ちますが、36歳になるまでは死に対する恐怖感がとにかく強かったんです。自分もその年齢までに死ぬんじゃないかと感じていて。その年齢を抜けてすこしほっとしたような感じが、『マチネの終わりに』にはある気がしますね。

もうひとつ、このうんざりした現実から束の間でも解放されるような、なにかよいことを考えたいとも思ったんです。東日本大震災があったし、いまの政治状況にも閉塞感が漂っている。現実の世界に嫌気が差していて。でも、**そのなかでも生きていくためにはどういう考え方を持**

たねばならないかを自分なりに考えたわけですね。

２００９年以降の作品で「分人主義」を提唱したことで、多くの人から「対人関係で悩んでいたが、すごく楽になった」といったことを言ってもらえて、自分としてやらなければならない大きな仕事がひとつ終わったな、という感じはありました。

とはいえ、世の中では本当にうんざりするような世界が続いているので、「俺の頭はもっと素敵なことを考えたり、感じたりするために備わっているんじゃないか」とも思っていて(笑)。そこで、自分が読みたいような小説を書こうと思ったわけです。

『マチネの終わりに』はもともと新聞で連載されていた小説です。新聞の連載は、幅広い年齢層の読者が楽しめる内容にする必要があります。それに、『決壊』や『ドーン』のようにプロットのラインが複雑だと、なにが起きているかを説明するために字数を費やさなければならないから、極力プロットのラインを一筆書きで太くシュッと書いたように引いておいて、そこで登場する人物の心情をじっくり受け取ってもらえるような物語にしようと考えました。

もうひとつ考えていたのは、**一文一文の魅力、あるいは登場人物の魅力だけで十分にページをめくっていけるような作品にしたい**ということ。小説家はみな、いかにページをめくらせるかをテクニカルに考えるものです。僕も、『決壊』や『ドーン』では伏線を張って、なんらかの形でそれが回収されていくような方法を試みたりもしました。算数ドリルのようにはじめに問題があって後に答えがあるといったつくりにすると、たしかに読者はページをめくるんです。けれども、それだとなにか虚しいということも感じていました。だから、技術的に読者にページをめくってもらうだけではなく、「この作品の世界に浸って、精神的な高揚感が得られるような作品にしたい」ということを、『マチネの終わりに』ではとくに意識しました。

そういうふうに考えるようになったのも、2010年ごろにデビュー3作目の『葬送』をよく朗読していて、そこで19世紀という時代に対するノスタルジーのようなものを感じていたからなんです。当時、この小説に登場するショパンの生後200年を記念するイベントがよく開かれていて、それに招かれる機会がけっこうありました。そのとき『葬送』を朗読しながら、20代なかばの自分はなんとノーブルな文章を書いていたんだろうかと驚いたんです（笑）。**美しい人物たちについて憧れをもち、美しいことを考えながら書くというのは、人間の精神にとってよいものなのだ**とそのときに感じて。「悪」や「死」といったものを自分なりにしっかりと書いてきたから、また美しい世界を書きたいという気持ちがこのときから芽生えていましたね。

奥にある〝わからなさ〟で文学は必要とされつづける

――冒頭で、現代はＳＮＳや映画など、余暇の選択肢が数多くある中で、読者に「小説を読む」気にさせなければならないから大変だというお話をされましたが、さらに視点を未来の文学に向けてお話を伺ってみたいと思います。これからの「小説の書き方」は、どうなっていくと考えますか？

平野　まず、僕が死ぬまでぐらいの未来を考えればいいかなと、自分では思っています。２００年後、人が小説を読まなくなってもそれはそれでいいけれど、自分が生きているぐらいの間は、僕の小説を読んでくれる人がいないと困りますから（笑）。

将来のけっこう早い段階で、人間と人工知能のコラボレーションで小説をつくるということは起きてくると思いますね。人工知能に携わっているような人たちは、いま、物語を類型化して分類を示そうとする「物語論」に着目しています。人工知能を使うことで、プロットのパターンをいくらでも分類できるし、どういう登場人物やシチュエーションをあたえたかによって奇想天外な話をつくるというのも、さほどむずかしいことではないようなのです。

でも、そうなると、**奇想天外な物語をつくるということに小説の価値を求めすぎると、その小説はもはや勝てないのではないか**という気がします。「こんな発想をするんだ。すごいだころ」という要素だけでもっているような小説は、おそらくどんどん新鮮味がなくなっていくことでしょう。

ではどうすればいいのかというと、とてもありきたりなことを言うようですが、「読者が感動する」ということを考えていけば、自分たちの仕事も続いていくのではないかと思っています。やはり、**小説を読んだときに「感動する」ということが、読者にとっての最も重要な体験のはず**だからです。

読者はなぜ小説に感動するのかというと、自分の価値観が揺さぶられたからとか、自分でうまく言葉にできずに置いてきた感情がひとつの形を得てつながっていったからとか、いろいろあると思います。それを大事にして小説を書いていく。

でも、感動はむずかしいですよね。取ってつけたようなステレオタイプの話をつくっても、みんなが感動するわけではないのだから。

――伝えたいことを言葉で伝える手段という意味では、評論もあればエッセイもありますよね。そうした様々な文章表現があるなかでの「小説の強み」を、平野さんはどのように感じていますか？

平野　小説が、なにか曖昧なものであると思われている節があるのはたしかです。でもほんとうは、**小説を書くというのは厳密に条件づけをしながら問題を考えていく営みなんです。**登場人物がどういう社会的属性か、どういう年齢か、どういう地域に住んでいるか、どんな経験をしてきたかといったことを、個別具体性の中で考えていく。それは、「現代の日本において貧困問題はどうか」などというようなぼやっとした考察とは異質なものです。

小説には、条件を厳密に定めるからこそ、しっかりと物事を考えることができるという利点があります。そのとき、かならずしも主人公が日本人の代表のような人物でなくてもいい。むしろ、例外的な人物を主人公にしつつ、社会一般に通じるような話につなげていくということも、不可能ではないのです。

それに結局、どんなに抽象的な議論をしようとしても、それを伝えるためには具体例を出すしかありません。その描写の具体性こそ、小説のアドバンテージなのだという気がしています。

——小説あるいは文学にしかできないことについて、平野さんはエッセイの『「生命力」の行方』（講談社、2014）で、「純文学は確かに社会に生まれた0・01％の毒である」とも書かれていますよね。これはすごくいい純文学の捉え方だなと思ったんですが、この「毒」という言葉にはどういう意味を込めているんですか？

平野　まず「0・01%」というのは、純文学の読者はそのくらいしかいないということです。1万部も出れば純文学では売れたことになります。でも1万人と言ったら、日本の人口の0・01%ぐらいでしかありません。つまり、売れた純文学でも99・99%の人は読んでいないということ。99・99%といったら、ニアリーイコール100%ですよ。

けれども、毒はものすごく微量でも致死量に値することもあるわけで、純文学も社会のなかで作用するなにかをもっていると僕は思っています。文学は言葉の芸術であり、僕ら人間はどうしたって言葉で考えるしかない生き物です。自分の得た体験がどのくらいのものかというのは、その人がどのくらいの言葉をもっているかによってぜんぜん違ってくる。だから、この0・01%の作用はすごく大きいと思います。人間が言葉を使っているかぎりは、純文学あるいは文学は必要とされつづけるだろうという淡い期待を、僕はもっているんです。（了）

2017年4月6日収録

10

これからのアート

「芸術のための芸術」から生きるためのアートへ

松井みどり

Midori MATSUI
美術評論家。東京大学大学院英米文学博士課程満期退学、プリンストン大学より比較文学の博士号取得。国内外の美術学術誌や企画展カタログに同時代の日本や英米の現代美術の潮流や作家について論文を寄稿。執筆カタログは、Chim↑Pom作品集『SUPER RAT』（パルコ出版、2012年）、『Ryan Gander: Catalogue Raisonnable Vol.1』（フランコ・フィッツパトリック出版、2010年）、『Ice Cream』（ファイドン、2007年）、『Copyright Murakami』（ロサンゼルス現代美術館、2007年）、『Little Boy : The Arts of Japan's Exploding Subculture』（ジャパン・ソサエティ、エール大学出版、2005年）。著書に『"芸術"が終わった後の"アート"』（朝日出版社、2002年）『マイクロポップの時代：夏への扉』（パルコ出版、2007年）、『ウィンターガーデン：日本現代美術におけるマイクロポップ的想像力の展開』（美術出版社、2009年）。多摩美術大学非常勤講師。

撮影：森本美絵

松井みどりさんの初の著書『〝芸術〟が終わった後の〝アート〟』を編集した経験は、幾多の書籍編集の中でも格段に思い出深いものだ。広がり続け、よりコンセプチュアルになる現代美術を、門外漢の人も面白く読め、かつアートの専門家が読んでも唸らせるものにできればという欲張りな趣旨の下で、松井さんと僕ら編集者が七転八倒して作り上げたこの本は、美術評論集という最も売れにくいジャンルの本としては異例のロングセラーとなった。

松井さんの現在の主な関心である、積極的な社会参加を意図するアートと、フェミニズムのアートは、共に単なる鑑賞のための芸術から、より世界と深く関わるための芸術へと、観客に問いかけ、誘ってくれる。情報が氾濫し、広告やPRに覆い尽くされたスペクタクル社会に抗って個人として生きる術を、松井さんはアートを通して語ってくれる。

現代のアートと女性の映像作家から「生きることと芸術」を考える

――僕は２００２年に松井さんの著書『〝芸術〟が終わった後の〝アート〟』を編集する機会を得たのですが、この本はロングセラーとなり、日本の美術評論集として最も売れた本のひとつになりました。当時の現代美術の状況を俯瞰することで、斬新な「アートの見取り図」を提示し、大きな反響を呼び起こせたと思っています。あれから15年が経った現在、松井さんはどのようなアートの見取り図を持っているのか、あらためてお聞きできればと思います。

松井　「アートの見取り図」というような包括的なヴィジョンを示すことはできないのですが、個人的には、「生きることと芸術」（ライフとアート）と言いますか、フルクサスやシチュエーショニスト・インターナショナルなど１９６０年代の前衛によって明確にされた、芸術と生は対立するものでなく、芸術の目的は生を生きるに値するものとして人に気づかせることだという考え方に、真実を感じ、自分が芸術作品を判断するときの基準としています。

この観点から、１９６０年代以降の現代美術の歴史を振り返り、各時代の前衛芸術が取り組んで来た課題を調べ考察し、現代の芸術の意義を考えるときの指針とするというのが、最近の私の活動内容です。

逆に言えば、いまの時代に気にかかる社会や政治や精神的問題との関係に照らし合わせて、考え方のモデルを、過去の作家の発言や作品、芸術運動の内容や目的、時代に共通の関心のうちに見いだそうとしているとも言えます。その試みとの関連で、今日は、「ソーシャリー・エンゲージド・アート」と、70年代から90年代にかけて台頭した、女性作家による前衛映像についてお話ししてみようと思います。

――それらへの関心は世界的に高まっているのでしょうか？

松井　このふたつのトピックについていまお話しする理由は、私が個人的に関心を持っているだけでなく、これらの事柄に関心を持つ人がいま多く――２０１７年の日本でも、森美術館と国立新美術館の合同展『サンシャワー』や、横浜トリエンナーレ、そのサテライト展である黄金町バザールなどで、その要素を持つ芸術が取り上げられたり、恵比寿映像祭でイヴォンヌ・レイナーの映像上映やシンポジウムが行われたりしましたが――海外では既に広くその知識が普及している割には、その内容が一般に向けて説明される機会はまだ少ないと感じるからです。

「ソーシャリー・エンゲージド・アート」は、１９９０年代から現在までの間、現代美術の

世界で大きな影響力をもっている芸術的傾向です。この傾向について説明するためのひとつの糸口として、２０１１年の展覧会『リヴィング・アズ・フォーム（芸術としての生／直訳は、フォルムとしての生活）：ソーシャリー・エンゲージド・アート　１９９１―２０１１』（*Living as Form: Socially Engaged Art 1991-2011*）をとりあげてみたいと思います。

この展覧会は、２０１１年の9月24日から10月16日まで、ニューヨークのエセックス・ストリート・マーケットで開催され、その後、巡回先の特殊な事情に合わせて新たな作品が加えられ、再構成される形で、世界各地を巡回しました。

本展は、民間のキュレーション団体である「クリエイティヴタイム」の代表であるネイト・トンプソン（Nato Thompson）をメイン・ディレクターとし、25人の国際的なアドヴァイザーの意見を集めて組織されました。その内容は、単に90年代以降のソーシャリー・エンゲージド・アートの代表的作品を選んで総括するのではなく、ソーシャリー・エンゲージド・アートを社会変革や意識変革のための機会／方法として定義するなかで、それぞれの時代の社会や環境における問題点や困難と向き合い、ささやかな結果であれ、実質的な変革をもたらした48の例をとりあげています。この展覧会で検証された活動を観察すると、ソーシャリー・エンゲージド・アートと、リレーショナル・アートの違いも見えてきます。今日は、この展覧会に合わせて出版された本『*Living as Form: Socially Engaged Art From 1991-2011*』の内容を参照しながら、お話ししたいと思います。

――もうひとつ、女性作家の前衛映像については、なぜ関心を持たれているんですか？

松井 なぜいまこのトピックを扱うかというと、60~70年代のコンセプチュアル・アートの方法を通過した女性作家たちが、モダニズムの芸術表現の方法を共有しながらも、女性であるという事実から生まれる様々な葛藤や課題――たとえば、セクシャリティや、父権制や家族との関係など――と向き合うために、「物語」（ナラティブ）を必要とし、その物語がステレオタイプなフィクションに陥らないために、前衛映画の方法を使って新しい語りの形式をつくりだそうとしたことに大きな意味を感じるからです。そこには、「生きることと芸術の関係」を考える上で、大切な発見があると感じます。

そのことは、フェミニズムにコミットする芸術表現全体について言えることですが、特に、実験映像の場合、視覚表現や、物語の語り方における、モダニズムを通した異化作用――事実の省略と凝縮、デフォルメ、直線的でない語り、パロディや引用の多用など――が、女性作家が伝えたいと思う社会的矛盾や、合理的な言葉で割り切れない感情的葛藤を、より豊かで強い訴求力をもって観客に伝える為に役立っていると感じるのです。つまり、彼女たちの映像表現では、戦前から1950年代くらいまでのモダンアートの世界で、芸術を生と区別する為の有力な手段であった、モダニズムによる日常の異化作用が、人間的社会的なテーマを伝えるという新しい目的のために再利用されていることに、今日的な意義を感じるからです。

要約すれば、ソーシャリー・エンゲージド・アートは、生活と芸術の関係を、社会における開放的なコミュニケーションや共同作業の場の成立や、人間同士の新しく自由な関係性の開発を通して模索するための方法です。それに対して、女性作家による前衛映像では、慣習や習慣に縛られて圧迫されている精神や身体（感覚）を解き放ち、その過程を観客に劇的に体験させる手段として、芸術のラディカルな異化作用が使われます。どちらも、**生と芸術が互いに関係し触発しあうものであること、芸術は生をより良く認識し、より新鮮で生き生きしたものにするために必要な手段であることを体現しています。**

現代芸術には多くのジャンルや方法が存在しますが、なかでも重要だと私が考えているのは、普段私たちが見たり体験したりするものについて、一般的な解釈や感覚をいったん覆させ、観る人に新たな形で再生させたり、衝撃を与えたりする機能なのです。そこには、日常の体験や現実世界に対して「個別的な生の痕跡を残す」という、全ての芸術の基本である機能を見ることができます。

世界のひずみに対抗し生の質を上げるソーシャリー・エンゲージド・アート

――ではまず、ソーシャリー・エンゲージド・アートについてお聞きします。この言葉は、どのような経緯で使われるようになったのですか？

松井　この表現そのものがいつから使われ始めたかは、よくわかりません。おそらく2010年代に入ってからだと思います。ただ、この言葉が意味する傾向は90年代からあって、90年代には、「リレーショナル・エステティックス」（関係性の美学）や、「リレーショナル・アート」（関係性の芸術）といった言葉で表現されることが多かったと思います。その代表的傾向は、ある場所に、人が集まって、ひとつのゲームや労働を共に行うことで、**それまでとは違う感覚や認識が開けるコミュニケーションの場をつくる活動**と言えるでしょう。

そもそも、60年代以降の「コンセプチュアル・アート」――フルクサス、ランドアートなど――は、ポスト・スタジオ・プロダクションと言って、絵画や彫刻をつくってギャラリーや美術館で展示するのではなく、ギャラリーではない場所で、ある行為を行い、その過程を記録したり、痕跡を見せたり、その場所固有の歴史を掘り起こしたりすることで、作品を通じて新たな認識が生まれる状況をつくる活動でした。「コンセプチュアル」という表現は、作品を通して人にものを考えさせると同時に、その契機となる方法を作り出すという意味をも含んでいました。

そこでは、しばしば、**芸術家が作品を作り、観客は鑑賞するという、従来の一方通行的な関係から、観客が作家の仕掛けたアクションに参加することで、そのイベントが完成されるという、両方向的な関係性が生まれました。**その意味では、リレーショナル・アートやソーシャリー・エンゲージド・アートは、フルクサス、シチュエーショニスト・インターナショナル、ヨーゼフ・ボイスのソーシャル・スカルプチャーといった、60〜70年代の反芸術の流れを汲んでいるとも言えるでしょう。

「リレーショナル・アート」という表現は、フランスの批評家ニコラ・ブリオーの造語です。96年に彼がボルドーで企画した展覧会『トラフィック』(*traffic*)で最初に使われました。彼自身は、99年の著書『リレーショナル・エステティック』(*Esthétique relationnelle*)で、リレーショナル・アートを1960年代の前衛から切り離し、1990年代におけるインターネットの普及によって変容された精神性や、人間関係の親密化に対応する形で選びとられた方法であることを強調しました。ただ、その方法には、明らかにフルクサス、シチュエーショニスト、ボイスらの影響が見られます。そして、ソーシャリー・エンゲージド・アートも、シチュエーショニストなどと目的や方法を共有する芸術であることは明らかです。
ただ、ネイト・トンプソンは、リレーショナル・アートに対して懐疑的なところがあります。

——ネイト・トンプソンはニコラ・ブリオーたちのどんなところに懐疑的だったんですか？

松井　その閉鎖性と消費性に対してです。リレーショナル・アートでよく知られたイベントは、ギャラリーでアーティストの作った料理を観客も一緒に食べるというような、アーティスト本人がいて観客に対峙しているときだけに日常とは違う特別な瞬間が成立するというものでした。その体験は、短く、しかも参加できる人が限られている（選ばれている）ために、美術館やギャラリーという、特別な場所における特別な出来事になりやすかった——つまり、**体制によって消費されやすいアクションだった**のです。トンプソンは、「多くのアクティビスト・アートの遂行者たちの、このような（リクリット・ティラヴァーニャの『パッタイ』のような）お行儀の良いパフォーマンス傾向は、権力的状況によって消化されるだけだと感じている」、「リレーショナル・エステティクスという名の下に行われる作業が優遇する親密な個人的体験とVIP専用のカクテルパーティーには、共通点がありすぎると考えるアクティビストさえいる」と述べています（リクリット自身は、カミン・ラーチャイプラサートとともに、98年から、タイの都市チェンマイ郊外に水田を買って、農耕生活をしながら、スーパーフレックスやフィリップ・パレノなどのアーティストを招き、建物を建てる、ランド財団［Land Foundation］による『ランド』というプロジェクトを継続中）。

一方、トンプソンの考えるソーシャリー・エンゲージド・アートとは、アーティストが、冷戦以降の、グローバル化の進んだ（ネオリベラリズムが台頭した）世界のひずみ――環境破壊、内戦、地上げ、食の安全、性差別、経済格差、公共の場の喪失など、生の多岐な分野にわたる問題――にどう対峙すればよいかを真剣に考え、日常生活における現実的な社会行動の中にはいりこみ、ターゲットとする問題に対して何かしらの変化や改善をもたらす、持続可能で実践的な活動を意味します。つまり、それは、**ある程度長期にわたって、ある地域の特殊な事情にコミットし、感情や認識の刷新や生活環境の改善をふくめて、現地の人々の生の質を上げる結果を出そうとする活動**なのです。

実際に、トンプソンは、「いまの歴史的段階において芸術を生に参画させようとすることは、生きられた体験の重視とともに、何か結果を出すことの緊急性（an urgency to matter）を示唆する」と述べています。トンプソンは、ソーシャリー・エンゲージド・アートの定義を、（1）反リアリズム、（2）参加、（3）「現実」の世界に置かれていること、（4）政治的領域で行動すること、という4つの観点から説明しようとします。そして、**ソーシャリー・エンゲ**

ージド・アートの出発点には、デュシャンのレディーメードのような、生と芸術の融合があると言います。

具体的には、芸術を生に近付けるために、芸術を「呼吸をしているもの、パフォーマンス、アクション主体のものにする」、「参加、社会性、ある場所における、複数の人々の行動をまとめる」、「薄っぺらく、人心操作的な文化生産に反発し」て、「人間による本物の相互的な関係性を育む」といったことが、必要とされます。

それらの方針や方法は、60~70年代の前衛や、戦前の未来派、ロシア構成主義、ダダなどの前衛運動を先駆者としてはいるのですが、トンプソンは、ソーシャリー・エンゲージド・アートは、「芸術運動ではない」と言っています。それは、「新しい社会の秩序を示唆する――参加、権力への反抗、都市計画やコミュニティーワークから劇場や視覚芸術に到る専門領域をまたぐ生のありかたを示唆する――文化的実践」なのだそうです。

それは、一見すると、芸術とはもはや言えないような、教育的社会活動に見えますが、アートでなければできない方法で実生活の変革を目指しているのです。

人びとに強いられる「スペクタクルの社会」に体験・参加のアートで抵抗を試みる

――ソーシャリー・エンゲージド・アートが提唱される背景には何があったのですか？

松井　直接的には、グローバル社会やポスト植民地社会における生が、様々な形で圧迫を受けているという事実があります。圧迫の理由は、新しい経済体制であったり、古い因習だったりと様々です。

たとえば、トンプソンは、ソーシャリー・エンゲージド・アートのわかりやすい例として、堕胎が禁止されている国々の海の沖合まで船で出かけて停泊し、希望者に堕胎手術を施す活動をするウィメン・オン・ウェーブス（Women on Waves）や、北メキシコのドラッグ抗争に使われる銃を回収してシャベルに作り替えて、それを使って木を植えるプロジェクトを行ったペドロ・レイズや、ヒューストンの黒人の低所得層が多く住む区域で、地上げに対抗して地域の平屋を何軒か購入してそれを地域のコミュニティスペース（託児所など）やアーティストレジデンスにしたリック・ロー（Rick Lowe）の、『プロジェクト・ロウ・ハウス』（*Project Row Houses*）などに言及しています。**それらは、ある地域に特有の社会問題への取り組みであり、そのような問題に対処する為の考え方のモデルとなっています。**

同時に、トンプソンの方法論や目的には、シチュエーショニスト・インターナショナルの精神が確実に受けつがれているようです。それは、トンプソンが、「ネオリベラリズムとスペクタクル」への闘いを、ソーシャリー・エンゲージド・アートの大きな目的の一つとして掲げていることにも明らかです。

シチュエーショニスト・インターナショナルとは、1957年から72年まで、パリを中心に、アムステルダム、コペンハーゲン、ロンドンなど、ヨーロッパの主要都市に波及した前衛運動です。フランスの批評家ギー・ドゥボールが提唱し、1957年にマニフェストが出されました。その目的は、「日常生活の革命」と「有機的都市生活」の実践であり、その為の方法として、都市の心理的地理を探るそぞろ歩きである「デリーヴ」、ありきたりなものや時代遅れのものの別の用途への転用である「デトゥルヌマン」、そして、都市の中に、複数の人々が集まり、その場で考案されるゲームなどを通して普段とは異なる関係性を築くための「状況の構築」などが提案されました。また、1967年にドゥボールが出した著書『スペクタクルの社会』には、そのような都市への介入行為が必要な社会背景であり、当時の世界を覆っている一つの文化的運動である「スペクタクル」の害が指摘されています。

「スペクタクル」とは、人をある一定の方向に支配したり操縦したりする意図を含んだイメージ（表象）や、それを生産しつづけるシステムのことを指します。たとえば、テレビコマーシャルやテレビのワイドショーとか、そういうものを生み出す大衆メディアのシステムは、

「スペクタクル」です。ドゥボールは、**自分たちの世界は「スペクタクル」に侵されていて、スペクタクルが作り出す偽りの幸福のイメージが「労働者対資本家」のような対立よりもっと複雑に人の生活習慣や感情に入り込む故に、より打破しにくい支配形態になっている**と指摘しました。

トンプソンは、現在の世界は、ドゥボールが指摘したよりもずっと強力で広範囲に、「スペクタクルの社会」が広がっていると考えています。

――「スペクタクルの社会」が進んでしまっていると？

松井　そうです。ネットやテレビでも、人を煽るための言語が使われています。トンプソンは、「今日のスペクタクル社会に対して、私たちは戦略的に動かなければならない」、「このような巨大なスペクタクルの舞台において、私たちは意味のある関係性やアクションを創造しなければならない」などと述べています。

「スペクタクルの社会」から逃れることはできないにしても、その支配の網の目を部分的にでも分断するような行動をアートを通じて起こすことはできるのではないかと、トンプソンは考えているようです。ソーシャリー・エンゲージド・アートは、画一的な思考や行動を強要するグローバル化社会の表象体系から人を解放するために、生活のあらゆる分野における小さく確実な変革や介入を試みます。私もその姿勢には深く賛同しています。
ソーシャリー・エンゲージド・アートにおける、アクション、参加、会話の重視や、現実世界に根拠をおいて政治的領域で機能することへの試みは、シチュエーショニスト・インターナショナルの方法や目的と同様です。**人びとが集まって共に行動することで、都市との有機的関係が見いだされ、日常は退屈ではなく、生きる喜びに満ちたものになります。**その場合、トンプソンが言う「リヴィング・アズ・フォーム」の生の「形（フォーム）」とは、生を活性化させるための「方法」なのであって、生き方の「スタイル」ではないのです。

象徴的なアクションには
人を感情的感覚的に揺さぶる《アフェクトを産む》力がある

――ソーシャリー・エンゲージド・アートの代表的な作品には、どのようなものがありますか？

松井　先ほど少し言及したウィメン・オン・ウェーブスの活動と、ペドロ・レイズによる武器をスコップに作り替えるプロジェクト『銃の代わりにシャベルを』(*Palas por Pistolas*) が、典型的です。後者は、北メキシコの麻薬犯罪多発地区で行われた取り組みで、「銃を手渡したら地元の店で電化製品などを買えるチケットを出す」ことにして、銃を集め (1500丁ほどの銃が集まった)、集まった銃を金属に変換して、シャベルを作り、学校や介護施設に配って、住民に木を植えてもらうプロジェクトでした。

トンプソンは、ウィメン・オン・ウェーブスにしても『銃の代わりにシャベルを』にしても、**それ自体の社会的インパクトは限定的かもしれないけれど、観る人に深い印象を与え、メディアによってその試みが報道されることでそういう考えや姿勢が広がればよい**のだと考えています。これらの試みは象徴的アクションかもしれないけれど、「象徴には象徴の重要さがある」とトンプソンは語っています。彼は、人に深い印象を残す力を「アフェクト」(affect) と呼んでいますが、「アフェクトを生む」という点では、これらの作品は結果を出せていると考えるのです。

ほかには、ジェニファー・アローラとギレルモ・カルザディーラ (Jennifer Allora and Guillermo Calzadilla) が、1998年から2006年にかけてリマとニューヨークで行った『チョーク』(*Tiza*) という作品があります。街角に長さ150センチメートルほどのチョークを12本置き、それらが車に轢かれたりして壊れると、その壊れたチョークのかけらを使って道

ジェニファー・アローラとギレルモ・カルザディーラによる『チョーク』(Tiza)

にメッセージを残すよう、通行人に依頼するプロジェクトです。リマでのイベントは、行政機関が集まっているストリートで行われたので、政府に不満をもっている人たちが集まって、パブリック・デモンストレーションのようになりました。即刻、軍隊が来てチョークを撤去し、メッセージを水で流してしまいましたが。

――他の地域でも、ソーシャリー・エンゲージド・アートの取り組みは行われているのですか？

松井　はい。ベアフット・アーティスト（Barefoot Artists）による２００４年から２０１４年まで継続して行われた地域支援プロジェクト『ルワンダ・ヒーリング・プロジェクト』（*The Rwanda Healing Project*）があります。ルワンダでは１９９０年から93年にかけてフツ系の政府軍とツチ系のルワンダ愛国戦線の間で紛争が起き、翌１９９４年にはフツ系の政府と過激派により、ツチ系とフツ系穏健派が大量虐殺されました。それから10年後、ベアフット・アーティストの代表のリリー・ヤー（Lily Yeh）がルワンダを訪れたとき、死者の墓もつくられていないような惨状を目にして、死者を悼むメモリアルパークをつくることと、虐殺の生き残りの人々が住む村を住みやすくすることを目的としたプロジェクトを行いました。この生き残りの家族が、記念碑の石を積んだりデザインを考えたりしました。
その後も、グループのメンバーがルワンダに残って子どもたちに英語や美術を教えたり、トウモロコシの茎から炭を作ったり、住民協力のもと陶芸センターを作ったり――土地を買って建物も建てた――し、プロジェクトは２０１４年まで続きました。

――一時的な試みではなく、半永久的な場をつくるという作品もあるのですか？

松井　半永久的ではないにしても、最低2年から10年くらいは継続する活動の場を作ろうとする場合が多いです。先ほど言及した、ヒューストンの『プロジェクト・ロー・ハウス』が代表的です。このプロジェクトは１９９０年にリック・ローというアーティストが高校生たちに促され、他のアーティストの協力を得て発案し、美術奨学金を元手として、シェブロン（Chevron）やメニル財団（the Menil Foundation）の協力のもとに、ヒューストンの「第３区」と言われる貧困地区で荒廃していた、ショットガンハウスという、南北戦争時代から１９２０年代にかけて広く普及した小さな長方形の家を補修して、アーティストレジデンスに変えたり、シングルマザーが一年間住んで教育を受けるための家にしたりしました。
他にも、マーク・ディオンとＪ・モーガン・ピュエットとその協力者たち（Mark Dion, J.

Morgan Puett, and collaborators）が98年から行っている『ミルドレッド・レーン』（*The Mildred's Lane*）というプロジェクトがあります。彼らは、ペンシルヴェニア州で１８３０年代につくられた農場を、アーティストのレジデンスであり、共同制作場であるような実験的居住型施設に作りかえました。その庭では、アーティストたちがパフォーマンスをします。また、夏にはサマー・スクールが開かれて、決まったテーマでセッションが行われています。

この試みで私が思いだすのは、ブラック・マウンテン・カレッジという、１９３３年から57年までノースカロライナ州にあった私立の美術学校の試みです。そこでは、生徒ひとりひとりの考える力を育成することと、ジャンルの垣根を越えて対話することに力点が置かれました。バウハウスのアーティストが招聘されて、ファインアートと工芸を差別しない芸術の授業が行われる一方で、サマー・スクールには、美術、工芸、音楽などの世界から最先端の作家が招かれて刺激的な授業を行いました。学校からは、ロバート・ラウシェンバーグ、サイ・トゥオンブリーなどのアーティストが輩出されました。

サマー・スクールの業績は多大でしたが、とりわけ、現代音楽家ジョン・ケージが、52年に、マース・カニンガム、デヴィッド・チュードア、ラウシェンバーグ、詩人Ｍ・Ｃ・リチャーズやチャールズ・オルソンらとともに行った、美術、音楽、詩、アクションを融合させた斬新なシアター、『シアターピース№１』（*Theater Piece No. 1*）は、最初のハプニングとも言われました。

グローバル化の中でその場所の特殊性を示す日本のアーティストたち

——日本でも、ソーシャリー・エンゲージド・アートの活動を見ることはできますか？

松井　様々な作家が試みていますね。比較的最近ですと、アーティストたちの共同生活を通して美術を教えたり展示をしたりという教育と啓蒙活動を行う「パープルーム」などの評判が高いです。作家ではないですが、芸術と社会の関係についてリサーチし、海外から作家を招聘したり、展覧会を企画したりするNPO法人として、アート&ソサイエティ研究センター（Art & Society Research Center）も活動しています。

ソーシャリー・エンゲージド・アートの純粋な例が、島袋道浩《しまぶくみちひろ》の90年代のアクションに見られます。96年の『未来の思い出』もそのひとつですが、これは、トンプソンの展覧会に選ばれた唯一の日本人作家による作品です。愛知県の岩倉市からパブリック・プロジェクトの依頼を受けた島袋は、コミューターズ・タウンである岩倉に人の集まる場所がないことに気づき、私鉄の駅前の歩道に丸い台座のようなものを置いて、台座の上に載せた物を人が持って行くことを許す代わりに別の何かを載せなければならない、というルールを定めて、街の人たちが参加し、互いにコミュニケーションをとるための場をつくりました。島袋は、1年に何度かこの街に戻りました。それは、行商人が街に定期的にやってきて何かをもたらす姿をなぞるような行為でした。住民も参加したストリートトライブパフォーマンスも開かれたのですが、たまたま車で通りかかった人たちが、それを見に降りて参加してきたといいます。

島袋の尊敬するアーティストに、70年代から活動してきた榎忠《えのきちゅう》がいます。彼は、70年代初めから半ばにかけて、「JAPAN KOBE ZERO」というパブリック・パフォーマンス集団に属して都市や美術館に介入する活動を積極的に行っていました（たとえば、兵庫県の農村に借りた田でアーティストたちが作った稲を、経過報告の展示をした大阪のギャラリーに来て、地図に印を書き込んだ人に送る76年のプロジェクト『ハーベスト』など）が、自宅を新聞の折り込み広告を見て集まった全ての希望者に開放して作品や映像見せる集いである、77年の『エヴリデイライフ・マルチ』や、4年の間、頭髪、手足など、身体の半分の毛を剃った姿で生活し、その姿でハンガリーの友人を訪ねる旅をした77年発表の『ハンガリー国にハンガリ（半刈り）で行く』などの単独パフォーマンスも行った、まさに**日本のソーシャリー・エンゲージド・アートの偉大な先駆者**とも言える作家です。

『地球の皮膚を剥ぐ』という90年のプロジェクトには島袋の『未来の思い出』の発想を触発したであろう、日本の現代の現実に応えた「状況の構築」が見られます。このプロジェクトで榎は、神戸郊外のニュータウンに家を建てることになった友人に許可を得て、着工までの間、その家の土地をひたすら垂直に掘っていくことにしました。その場所は、古い地層があり、化石も出てくるようなところで、闇雲な宅地化によって、その地層は失われてしまいかねない場所でした。榎が、古い地層とのコンタクトを求めて掘りつづけていくうちに、ニュータウンの鍵っ子たちが学校帰りに来て手伝ったり、評判を聞いた人々が訪れたりして、ニュータウンにコミュニケーションの場ができたのです。島袋も手伝った一人でした。

いま、シチュエーショニスト的な姿勢で精力的に社会への介入を行っているのが、アーティスト集団Chim↑Pomです。彼らは『スーパーラット』(２００６・２００８・２０１１)、『*Don't Follow the Wind*』(２０１５〜)など、様々な社会への働きかけのプロジェクトを行うことで、国内外で注目され、時には物議をかもしつつ、高い評価を得て来ました。彼らは、震災後すぐに福島に出かけて、第一原発事故の帰還困難区域に出かけたり、福島原発を機会に広島原爆を考え直し、ふたつの出来事をひとつの体験として繋げる展示を、原爆投下を生き延びた広島市内の建物で行ったりしてきました。２０１７年の夏には、ワタリウム美術館キュレーターの和多利浩一企画による『リボーンアート・フェスティバル』という、39組のアーティストが石巻の市街地や、牡鹿半島の海岸や山間部で展開した芸術祭――この展覧会自体が、震災後の地域の生活の復興を祝い、そこに新たな息を吹き込むソーシャリー・エンゲージド・アートとして成功していますが――では、地中に冷凍コンテナを設置し、震災遺族がそこに降りていって瞑想にふける場を作るというプロジェクトを行いました。彼らの活動には、トンプソンが指摘する、**人の心を動かす（アフェクトする）象徴としての社会への介入が見られると思います。**

――こうして見ていくと、日本でもソーシャリー・エンゲージド・アートはかなり活発になされているという印象を受けますね。

松井　そうですね。日本の場合、グローバル化経済やネオリベラリズムの台頭、スペクタクルの蔓延ということが避けられない社会的現実なので、それに反応して出てくる作品や活動には「緊急性」や現実感があります。ソーシャリー・エンゲージド・アートの先駆としての60～70年代前衛による都市への介入も、戦後復興からアメリカ型の消費社会の導入、都市化の急速な展開という、日本特有の歴史的社会的状況への反応として出てきました。

たとえば、ハイレッド・センターによる64年の路上清掃のパフォーマンス『首都圏清掃整理促進運動』は、東京オリンピックを前にした都市の「浄化」への違和感から始まりましたし、90年代には、バブル経済の崩壊や阪神・淡路大震災後の経済不安を経た日常生活の見直しから、島袋や、小沢剛や、有馬かおるといった作家が地域や個人の現実に新たな価値を見いだし、ギャラリー以外の場所での展示や芸術交流を可能にするリレーショナル・アートを展開しました。Chim↑Pomの活動も、福島原発事故や新宿の都市風景の変容への介入など、現代の社会状況への真剣な対応から生まれています。

慣習的思考から女性を解放する映像表現

――ここからは、「生きることと芸術」という大きなテーマでのもうひとつのトピック、「女性の映像作家たち」についてお聞きしていきます。松井さんが関心を持たれているのは、具体的にはどのような表現を行う作家なのですか？

松井　今日は、イヴォンヌ・レイナー（Yvonne Rainer）、スー・フリードリヒ（Su Friedrich）、シャンタル・アケルマン（Chantal Akerman）の3人の作家の映像作品を紹介したいと思います。彼女たちは、欧米では美術史的に評価の定まった大物作家ですが、日本語で読めるまとまった資料がまだ普及していないのです。

レイナーは、1934年、サンフランシスコ生まれの前衛ダンサー／振り付け家で、映像作家です。彼女は、1962年にジャッソン・ダンス・シアター（Judson Dance Theater）という前衛的なダンス・グループを結成し、ダンサーを自意識や様式美から解放するために、ケージのチャンス・オペレーションや、日常的な動作を、ダンサーが行うべき仕事「タスク」――この仕事を行ううちに身体の自然な動きが出てくる――として取り入れた新たなダンスの方法を考案して、ポストモダンダンスの基礎を作りました。そして、ダンスで成果を挙げた後、1970年頃に映像制作を始めました。彼女は、1972年から96年までの間に、7本の長編映像作品を制作しましたが、それらすべては物語映画であり、それぞれの時代のフェミニズムやクイア・スタディーズの中心的理論や論点が投影されています。

特に、72年の『パフォーマーの人生』（*Lives of Performers*）と、74年の『～のような女についての映画』（*A Film About a Woman Who...*）には、彼女のダンサー／振り付け家としての体験や理論が投影されると同時に、70年前後のフェミニズムの影響が強く表れています。

70年前後は、それまでの、女性を社会的迫害から救済するための運動よりも、女性を男性との関係性における精神的圧迫から解放するためのラディカルフェミニズムの理論が盛んになりました。 レイナーは、シュラミス・ファイアーストーン（Shulamith Firestone）の70年の著書

『性の弁証法：女性解放革命の場合』（*The Dialectics of Sex: The Case of Feminist Revolution*）に触発されて、女性が男性との関係性の中で、常に自分を劣った存在として意識する状況を劇的に示そうとしました。女性は、男性から愛されることで自分の価値を測ろうとする一方で、そのような自分自身の不純さに罪悪感を感じ、傷ついているという状況を、三角関係や夫婦の危機といったメロドラマ的状況のなかで、しかし、普通の物語映画とは違う前衛的な語りの手法を用いて撮ったのが、この2本の映画です。

『パフォーマーの人生』は、実際にレイナーが率いていたグランド・ユニオン（Grand Union）というダンス集団を舞台に、団員の中の三角関係を主題に撮られています。ここでは、メロドラマ的ないきさつが、当事者たちのナレーションとして語られるが、その語りと口の動きが合わない、カメラが誰もいない部屋の隅を映したり、身体の一部をクローズアップしたりするという、気ままだが心理的流れを反映する動きをする、男女3人の修羅場が、二人の女性に挟まれた男性が右向きになって右側の女性を抱きしめ、左向きになって左側の女性を抱きしめるというダンスパフォーマンスで行われる、といった、物語の内容と感情的にリンクしながらも観客の違和感を煽り、語りの人工性を意識させる方法で貫かれています。特に、最後の12分間は、娼婦が切り裂きジャックに殺される物語を描いたヴェデキントの1904年の戯曲『パンドラの箱』の35のシーン——同じ劇の1929年の映画を参照している——が団員たちによって、タブロー・ヴィヴァンという、ポーズを決めたら4秒間動かない活人画のタブローとして展開されます。

『～のような女についての映画』は、性的関係を巡る夫婦の感情の断絶を、女性の身体の自由を巡る、様々な映像、写真、過去の映像作品からの引用、儀式的なパフォーマンス、ダンスシーンなどを通して撮った作品です。ここでは、女性の身体の自由は、少女の身体や、レイナーが振り付けるダンスパフォーマンスを通して描かれ、逆に、束縛された身体は、女性が自分を性的存在だと意識しすぎているときに露呈するように描かれます。たとえば、男性と女性がシーツにくるまってベッド（大きなテーブル）に横たわるシーンでは、女性の心理が文字カードの挿入によって示され、彼女が性的に求められることを望みながらも、その感情を感じさせる夫を憎んでいることが示されたりします。そして、彼女の心理的状況が、ヒッチコックの『サイコ』における、女性がシャワー中に殺される場面の引用によって暗示されます。この同じ女性が正装し、やはり正装した別の女性と男性によって、服を一枚ずつ脱がされていく儀式的シーンでは、彼女の身体は硬直してただのオブジェになります。

その一方で、男女のダンサーがボールを持って踊ったり、ダンサーたちが町を駆け抜けて行くシーンでは、身体は伸びやかで自由であることが示されます。その不自由と自由な身体、不幸と幸福な精神の対比は、『パフォーマーの人生』において、主人公の女性のエモーショナル

イヴォンヌ・レイナーの1972年の作品『パフォーマーの人生』（*Lives of Performers*）より

なダンスと3歳くらいの女の子がボールをついている姿が対比されることと、同じ効果をもっています。

ふたつの映画では、**女性が伝統的な性的役割や性的身体に囚われることの不幸が示され、自意識から解放されたダンスや身体表現が社会関係の中で失われた個人の自我や身体の有機的全体性を回復させてくれるように描かれている**のです。

――実験的な映画としての要素が強いのですね。

松井　そうですね。でも、ここで画期的なのは、**実験的手法とフェミニズム的主題がうまく噛み合っている**ということです。アメリカ実験映像は、1920年代からありましたが、50年代から60〜70年代にかけて、絵画における抽象表現主義や、ミニマリズムやコンセプチュアル・アートの影響を反映して、様々な手法が試みられ、スタン・ブラッケージ、ケネス・アンガー、マイク・スノー、ホリス・フランプトンといった、時代を代表する優れた映像作家を輩出しました。

ブラッケージは、光を色彩として取り入れたり、クローズアップ、ぼかし、スーパーインポーズによって日常のイメージを変容させたり、フィルムに直接着色したり、傷付けたりして、日常の風景や生活の場面を、幻想的で神話的なヴィジョンへと転換させました。

スノーやフランプトンは、「構造映画」という、固定カメラを使って、ある一定のシステムに従って映像を組み合わせる手法によって、観客自身による、視覚と意味（言語）の間のずれの分析や、映像時間の体感を促す状況をつくりました。どの場合も、**映像は、観客が先入観なしに体験することで、全感覚を開き、先鋭化させるための純粋経験であり、そこに社会的なテーマや感情を直接組み込むことは、不純であると**見なされていました。

レイナーの映像作品は、そういう、感覚の異化装置としてのモダニズム的な映像実験に足りなかった言説性をもたらすものでした。純粋芸術が権威をもっていた時代に、女性の感情やセクシャリティについて映像作品で描くのは、とても勇気のいることだったと思います。しかも、感覚や認識の異化をもたらす実験的手法を用いることで女性の精神的危機を浮き上がらせた彼女の方法は、斬新かつ人間的でした。

実験映画の枠組で女性の感情を描く

――二人目のスー・フリードリヒはどんな作家ですか？

松井　スー・フリードリヒは1954年、アメリカのコネティカット州ニュー・ヘブンで、言語学者で文化人類学者の父とドイツ人の母との間に生まれました。彼女は、フェミニズムやクイア・スタディの視点から、女性の成長や家族との関係を顧みたり、ナチスやネオナチの台頭やグローバル経済への批判を、家族の記憶や日常的な出来事をきっかけに追求する、優れたドキュメンタリーを撮っています。

――フリードリヒの手掛けた映像作品はどのようなものですか？

松井　今日は、少女の自意識の成長を扱った90年のドキュメンタリー映画『*Sink or Swim*（溺れるか泳ぐか）』と、『*Hide and Seek*（かくれんぼ）』についてお話しします。この作品は、少女が父との関係を顧みる語りを通して、才能ある女性の成長への教養ある父の導きと支配、父への尊敬と反発、精神的自立への奮闘を、ZからAに遡るアルファベットの頭文字で始まるタイトルをそれぞれもつ26のエピソードを通して描いた作品です。

そこでは、少女の声で「昔昔、一人の女の子がいました……」という、3人称の語りが展開され、子供のとき、父が水泳を教えてくれたり、ギリシャ神話の本をくれたりしたことから、両親の離婚、父との旅行、父の再婚後生まれた妹と父の関係の観察のエピソードなどを通して、偉大な精神的影響に思えた父が実は非常に自己中心的で支配的な人物だったことが明かされていきます。同時に、父への手紙が、タイプライターの文字が一文字ずつ画面に映し出される中で、父を慕う子供の心と母の悲しみによりそう成人した女性の思考が交互に現れる場面や、成人した「彼女」が、父を乗り越えるためにかつて父が泳いで渡った湖を泳ごうとして途中で引き返すことで、父とは違う自己を見いだす場面を通して、「少女／女性」が、父への愛憎を通していまの自分を築いてきたことが明かされます。

少女の声の語りに対して、ホームムービーやテレビ番組からの引用などの映像が対置されますが、それらの映像は、語りと関係しながら説明的ではない形で、支配的な父親像や男性像を浮き彫りにしたり、大衆文化や文学による幸福のイメージの刷り込みを示唆したり、それら表象と人間感情の間のずれについて観客に考えさせたりします。

96年の『*Hide and Seek*（かくれんぼ）』は、思春期の少女の性差へのとまどいを描いた物語と、成長したレズビアンの女性たちが自分自身のレズビアンとしての目覚めについて語るインタビューを組み合わせたユニークなドキュメンタリー映画です。

この作品では、おてんばで男勝りな少女が、親友が、男の子の気を引こうとする別の友人の影響を受けて変わってしまうことを気にしたり、性教育ビデオを見せられてとまどったりする思春期のエピソードが語られるのと並行して、レズビアンの女性たちの話が積み上げられます。

スー・フリードリヒの1990年の作品『*Sink or Swim*』（上）、96年の『*Hide and Seek*』（下）より

その中で、レズビアン女性が自分の「違い」に気がついたきっかけには、男性の目で自分の身体を見ることを社会的に強要されることへの反発があったことが示されます。そして、女の子だけのダンスパーティーで無邪気にはしゃぐ少女たちの姿を通して、一般的な女性にとっても、心身が社会的に設定された異性愛の強要から自由であったときが幸福だったことが暗示されます。

フリードリヒは、実験映画の手法を用いて自伝的物語を語っていますが、その語り口は率直でエモーショナルななかにも、万人に共通のテーマを含んでいます。同時に、そういう感情を批評的に突き放して観客に考えさせる様々な映像的言語的暗示の工夫もしています。

女性作家は実験映像的手法を女性の感情やセクシャリティの表現へと転用する

――3人目のシャンタル・アケルマンはどのような作家ですか？

松井　シャンタル・アケルマン（1955～2015）は、70年代から2010年代まで国際的に活躍したベルギー出身の映像作家で、物語映画とドキュメンタリー、実験映像と商業ベースの映画作品を撮っています。70年代の映像作品における、固定カメラを使ったクールな映像と、女性の孤独を扱った内容のエモーショナルな訴求力は、フェミニズムという観点に限定されることのない人間のドラマとして、高い評価と根強い人気を得ています。

特に、1975年にカンヌ国際映画祭で上映されて、一躍国際的な評価を得た映画『ブリュッセル1080、コメルス河畔通り23番地、ジャンヌ・ディエルマン』(*Jeanne Dielman, 23 quai du Commerce, 1080 Bruxelles*)は、フェミニズム映画の傑作であるとともに、実験映像的手法が女性の生活のリズムや感情の表現に効果的に使われた代表的な例となりました。3時間におよぶ長い作品で、『ヒロシマ、わが愛』や、『去年マリエンバードで』の主演女優デルフィーヌ・セイリグが主演しています。

この映画の最大の工夫は、家事を中心とした平凡な主婦の日常を、リアルタイムのスピードで撮っていることです。ときどき男性がやってきて、彼女が息子を養うために売春をしていることがわかるのですが、じゃがいもの皮をむいたり、浴槽を洗ったりする淡々とした動作の積み重ねが、現実の重みとともに静謐感を伝えるために、彼女の内面の反映としての静かな時間の持続が破られることはありません。性的興奮に目覚めた彼女が生活のリズムを崩し、客を殺してしまうという衝撃的な結末も、扇情的に思えません。女性の家事は、ありきたりなことと見なされ、映画のエピソードとして丁寧に描写されることは、あまりありません。しかし、**ア**

ケルマンはその動作ひとつひとつを丁寧に見せることで、女性の労働や彼女が生きる時間の統一感を、観客が自分の体験として肌で感じることを可能にしました。それが、フェミニズムの観点からみても、画期的だったのです。

アケルマンは、テキサスでの白人による黒人のリンチ事件を扱った99年の『南から』(*Sud*)や、メキシコの国境からアリゾナへ入ろうとする違法移民や地元のシェリフなどにインタビューした2002年の『向こう側で』(*De l'autre côté*)といった優れたドキュメンタリー映画も撮っています。そこでも、彼女の主観を交えない固定カメラの映像と、長回しの多様が、現場のリアリティを汲み上げながら、恐怖や不安というその状況特有の感情や雰囲気を観客に体験させるのに役だっています。

――紹介していただいた3人の女性映像作家について、とくに男性の映像作家とくらべた場合の手法的特徴は、どのようなものになるのですか?

松井　これは、彼らが作っている時代にも関係するのですが、主に60年代にその手法を確立した男性の実験映像作家にとっては、視覚の特異性や時間体験の即物性など、映像を通じて観客に与えられる効果と、そのための実験的方法の独創性が大事なのです。それは、作品が、説明であるよりも純粋な体験であることを重視するモダニズムの芸術観に忠実であると言えます。
一方、ここでとりあげた女性作家たちは、そうした手法の独創性の提示だけでは満足せず、モダニズム的純粋芸術観からは排除されていた、社会、政治、ジェンダーの問題を映像に呼び込もうとし、その問題点をより印象的に伝えるために、実験的手法を用いています。その点で、女性作家は、ポスト・モダニズム的だと言えるのですが、それは、彼女たちの作品が70年代以降に作られていることとも深く関係しています。

アートは自分の足で歩くための手段を示唆してくれる

――ソーシャリー・エンゲージド・アートと女性作家の映像作品について語っていただきましたが、松井さんはこうした潮流のどのような部分から「生きることとアート」というテーマを据えられたのですか？

松井　トンプソンの考えや、それぞれの作品の説明、シチュエーショニストの活動内容の概説などからも明らかかと思いますが、ソーシャリー・エンゲージド・アートも、女性作家による映像作品も、作家が直面している、自分と自分の住む世界をとりまく社会的問題やその精神的影響力に対応しようとするなかで、生まれたものです。その根底には、**人を束縛している社会的慣習やスペクタクルのような強制的表象に抵抗し、それらの矛盾や害を暴き、個人が生きるに値する体験を作り出し、そうして、自分と社会の関係にポジティブな変容をもたらそうという、強い精神的倫理的な意識がはたらいています。**私自身、芸術の目的はそこにあると思いますし、強い意識変革や社会変革のために用いられる手法が、ステレオタイプ的でも、説明的でもなく、人を慣習的な思考や惰性的な感覚から引き離し、感覚の感度を高めたり、批評性を訓練したり、想像力を刺激したりする異化作用をもっているのは、当然だと思います。

いまの世の中は生きにくいと言われますが、ネイト・トンプソンの言うように**スペクタクル社会に踊らされるだけでなく、自ら選択するための手段を示唆してくれるのが芸術**だと思います。ソーシャリー・エンゲージド・アートやフェミニズムについての映像は、その有効な方法のひとつなのです。特に、今日紹介した実験映像の場合は、手法が独特なので、普通の映画とは違うタイプの集中が可能になります。意味と感覚体験が凝縮されているぶん、見終わってすごく頭と感覚を使った感じがします。その集中の体験が、スペクタクルの蔓延の中で見失われている「個人の独自性」を取り戻させてくれると感じます。

――今後、アートはより重要になってくると思っています。自分が何が好きであり、何にア

イデンティティを依拠しているのかを示す、よい道具であり場であると僕は思いますね。

松井　それもまた、スペクタクル社会に抵抗するひとつの手段でもありますね。スペクタクル社会は、「これを手に入れたらもっと幸せになります」と語りつづけます。それを受け入れて安心感を得ることは、様々なプレッシャーがかかる現代の生活の中で、鎮静剤的効果をもつ必要悪なのかもしれません。でも、そういう風潮に抵抗して、「本当にそうなのか」と考えさせてくれたり、それまで考えてもみなかった感覚や想像力の飛躍をもたらしてくれるのが、芸術表現の強みだと思います。

無名の人の知の活用が「私」の独自性を築いていく

――松井さんは、『ウィンター・ガーデン：日本現代美術におけるマイクロポップ的想像力の展開』（２００９年、美術出版社刊）という本のインタビューで、「グローバル化もまた、私たちが生きる環境なのです。その中で自分らしさを失わずに生きるにはどうしたらいいのかは難しい問題」とおっしゃっていますね。グローバル化した世界を生き抜くひとつの手段としてアートがあるということですか？

松井　そう思います。日本に限らず、グローバル化の中でほとんど全ての社会は、競争過多な一方で、画一化や自己満足のスペクタクルに囚われています。「自分らしさ」ということすら、外から与えられたステレオタイプに埋没する恐れもあります。**芸術体験は、「自分らしさ」を見いだすための方法ではなく、既知の「自分」の領域の外に踏み出して、自分の中の未知の部分に出会うきっかけを与えてくれるもの**だと思います。そこでは、いま与えられた体験をどのように判断し、自分の体系の中に取り入れるのか、もっている様々な情報から最も的確な答えを見いだす能力を瞬時にはたらかせることが要求されます。アカデミックなり、パーソナルなり、人が持っている様々な知識の集積の中から、状況に合わせてある行為や思考の方法を選び出し、ときには変容させて使っていく能力を、ドゥルーズによる「マイナー文学」や、ミシェル・ド・セルトーの「日常生活の実践」の定義を借りて、「マイクロポップ」と呼んだのです。

そのときの「ポップ」とは、公的な権威に対する、無名の一個人の立場を示し、「マイクロ」とは、そういう人の実践は、大義名分や主義主張ではなく、生活のあらゆるレヴェルで展開されることで、その人の生の個別性や独自性を形成していくことを示唆しているのです。ソーシャリー・エンゲージド・アートも、女性作家による実験映像も、「マイクロポリティカル」という言葉が示すような、一つのイデオロギーに集約されない小さな政治的営みや発見の連続なのだと思います。

私が惹きつけられるものは、生きることに真剣に向き合わせてくれる、自分の進むべき方向を突き詰めたときに真実を抽出してくれるような芸術表現や活動です。これからも、そのような作品に出会いたいですし、それについて語りたい。そして、今日お話ししたような、作品や作家情報、美術史的知識などが、もっと当たり前に日本の作家や観客の手に入り、現代美術を体験し、理解していくときの助けとなるような活動をしていきたいと思います。（了）

2017年8月21日収録

11

これからの人類

身体感覚を取り戻し、データから脱出せよ

山極寿一

Juichi YAMAGIWA
京都大学総長。1952年東京都生まれ、京都大学理学部卒、京都大学大学院理学研究科博士後期課程単位取得退学、理学博士。日本モンキーセンターリサーチフェロー、京都大学霊長類研究所助手、京都大学大学院理学研究科助教授、同教授を経て、2014年から第26代京都大学総長。国際霊長類学会会長、日本霊長類学会会長、日本アフリカ学会理事を歴任、日本学術会議会長、環境省中央環境会議委員、国立大学協会会長。専門は人類学・霊長類学。屋久島のニホンザルやアフリカ各地のゴリラの野外研究を通して、人類の過去の社会性や家族の起源の解明を目指している。著書に『ゴリラ』(東京大学出版会)、『暴力はどこからきたか』(NHK出版)、『家族進化論』(東京大学出版会)、『「サル化」する人間社会』(集英社インターナショナル)、『京大式 おもろい勉強法』(朝日新聞出版)、『ゴリラは戦わない』(共著、中央公論新社)などがある。

この地球上で最も賢い種であるとされる私たち人類は、どれくらい動物から離れているのか、または同じなのか。また人類はこれからも大きな進化を遂げるのか。人類学者であり、霊長類学の第一人者である山極寿一さんの活動は、ヒトとヒト以外の霊長類の比較研究を通して、人類が驚くほど動物であり、しかも言葉を生み出したことによって、脳の拡大を止めてしまった生き物であることをダイナミックに浮かび上がらせてくれる。

インターネットが人間のサル化を促進していると警鐘を鳴らす山極さんの言葉は、動物の身体を持った頭でっかちなサルの行方を照らし出してくれる。

サルの社会から見えてくる人間の正体

――山極さんは霊長類学という学問の研究者です。とくにゴリラを主な研究対象とし、ヒトとの違いをあぶり出すことで人間の特徴も見出そうとしています。

この「霊長類学」という言葉は、そもそもどこから出てきたものなんですか。

山極　霊長類を研究する学問を「霊長類学」あるいは「プライマトロジー（Primatology）」と呼んでいます。「霊長類」という言葉は、英語では「プライメイツ（Primates）」、ラテン語では「プリマーテス」とよばれ、地球上にいるヒト、それにゴリラ、チンパンジー、オランウータンなど類人猿、そのほかのサルも含む約300種を指し、霊長類学ではこれらすべてを研究するわけです。霊長類学という表現そのものは欧米から来ているんですね。

ですが、日本の霊長類学自体は独特な発展をしてきました。私の先生の先生にあたる今西錦司《いまにしきんじ》が戦後まもない1948年、「**サルを知ることは人間を知ること**」という考えのもと、日本における霊長類学を創始したのが最初です。そのころ今西さんの対象はサルではなくウマでした。でも戦後、私の先生にあたる伊谷純一郎《いたにじゅんいちろう》と、それに川村俊蔵《かわむらしゅんぞう》という二人の学生が、野生のウマを調査している途中でサルを見かけて、サルのほうがウマより複雑な社会をもっているに違いないと今西さんに説いたんですね。それを受けて今西さんは「よし、サルの研究をしよう」と決めたそうなのです。それが1948年12月3日であり、日本における霊長類学〝出発の日〟にあたります。

――「社会性」という切り口で霊長類を研究するのが、日本の霊長類学の特徴となったわけですか？

山極　そうです。欧米で「社会」というと、「言葉によりつくられたもの」と考えられていたんです。ヨーロッパはロゴスの文化圏だから、言葉によって人間は意識をもつものだし、その意識が「社会」や「文化」をつくりだすのだ、という基本的な考えがありました。だから、社会や文化というものは人間だけに備わっているとされてきたんです。

でも、今西さんは「そんなことないやろ。社会も文化も、人間が動物から人間になる過程でつくりだしたもんだ。言葉のない動物でも、社会や文化につながるような現象をもっているに違いない」と考えて、この研究を始めました。

今西さんは兵隊に招集される直前の1940年に、遺書のつもりで『生物の世界』という本を書いたんですが、そのまえがきでいわば「生物社会学」宣言をしたんです。アメーバでもなんでも生きているものはみな社会をもっているんだ、と。そして戦争から帰ってきて、その証拠を求めようとしたんです。つまり**日本の霊長類学は、人間以外の動物に社会や文化の証拠を見つけ出すことを最初の目標とした**わけです。

——今西さんが生物に社会や文化を見つけようとしたきっかけは、なんだったのですか？

山極　彼は長いこと鴨川に生息しているヒラタカゲロウの幼虫を研究対象にしていたんですが、鴨川の流れに沿ってヒラタカゲロウが棲み分けをしていることを発見した。そしてこの現象から「生物の世界というものは、同種の仲間だけでできているのでなく、異種の仲間とのインタラクションによっても成立している。だから社会というのはおなじ種の集まりに限定する必要はなく、異種の仲間が共存しているような集まりが社会なんだ」と考えたんですね。今西さんはそれを「**生物全体社会**」と呼びました。

生物全体社会という考え方は、今西さんの頭のなかで創られたものであって、今西さんはこの考え方を支持するような自然現象を見つけようとしたんです。しかも、人間の社会に近いところでそうした現象を見つけたかったので、やっぱりヒトに近い霊長類を研究対象にすべきだと思ったそうです。

日本は、霊長類学の発展を考えると、幸運な環境にもありました。というのも、欧米にはサルは生息していないんですよ。英語圏、フランス語圏、ドイツ語圏で暮らしている研究者たちの目に触れるところにサルはいない。動物園はあったけれど、逃げられない空間で人工的な餌があたえられる極めて限定された環境に生きているサルたちを、動物の真の姿とは見なせませんからね。その点、日本列島には青森県の下北半島から鹿児島県の屋久島にかけて野生のサルがたくさんいるわけです。

それで、今西さんたちは宮崎県の幸島《こうじま》で「サルのイモ洗い行動」を発見したんです。はじめサルたちは砂浜に置かれたイモを砂を落として食べていたんですね。それでも残った砂が口に入るものだからじゃりじゃりして気持ち悪い。そんなとき1頭の4歳のメスが、近くに流れていた小川に砂つきのイモを浸して洗ったところ、砂が落ちてきれいになった。さらに、小川の淡水でイモを洗うよりも、海水で洗うほうが塩味がついて美味しいということもわかったんです。すると、この発見者のサルを見習って、ほかのサルたちもイモ洗い行動をはじめたんです。これを今西さんたちは「遺伝でなく、観察学習によって新しい行動が伝播していく、**人間の文化につながる前文化的現象だ**」と考えて、論文で発表したんです。それが世界の研究者から大変な注目を集めたんですよ。

――その今西錦司さんの孫弟子に当たる山極さんご自身は、霊長類学のどのようなところに興味をもったのですか？

山極　私は「サルを知ることは人間を知ることだ」という考え方にすごく心を打たれたんです。大学に入ったのは1970年でしたが、「人間性とはなにか」とか「人間はどこから来たのか」とかいったことが問い直されだした時期でした。人間機械論が流行っていたし、医学でも人間の遺伝的実態が明らかになっていました。そんななか、「人間を離れて人間を考えるという学問の方向性はおもしろいんじゃないか」と思ったんです。人間と、人間に近いサルなどの類人猿をくらべてみたとき、人間にはないけれど彼らにはあるもの、あるいは彼らにはないけれど人間にはあるものが見えてくる。そういう部分を比べることによってこそ、人間とはどんな生き物であり、どこから来たのかがわかるんじゃないか、と。

人間の世界からちょっと離れたい、という気持ちもありました。若者はみんなそうだろうけれど、人間関係のしがらみとかは私も嫌で。「人間は、なんでこんな嫌な記憶を保ちつづけなければいけないんだろう。なんで自分は慣習というものに従わなければならないんだろう」と考えているうちに、人間でいることにすごく嫌気が差すことがあった。だから、人間とは違う動物の世界に入ってみて、そこから人間を眺めてみたらすっきりするんじゃないかと思ったんです。

人間を超越する高貴な動物、ゴリラ

――山極さんは霊長類のなかでもゴリラを主な研究対象としてきたわけですが、これにはどういう経緯があったのですか？

山極　私は最初、ニホンザルを研究対象にしていたんです。初めてゴリラを対象にしたのは、博士課程2年生になってからでした。

じつは、世界でもゴリラの研究はほとんど実施されてこなかったんです。ゴリラの調査地がみんな独立戦争に巻き込まれて戦火のなかにあったもので。今西さんも3回ほどゴリラの調査に行ったんですが、１９６０年には諦めてしまいました。アメリカ人の研究者もイギリス人の研究者も、みんな逃げ出してしまっていました。

でもその後、アメリカのダイアン・フォッシーという女性が１９６７年からルワンダでゴリラの調査を始めたんですね。当初、私は「彼女が成功を収めているから、いまさら自分がゴリラの調査に行くのは……」とためらっていたんですが、たまたまフォッシーの調査場所とは異なるコンゴのカフジ・ビエガ国立公園に行く機会ができたんです。そこでやっぱり「ゴリラの調査をしたい」と思うようになったのです。

もうひとつ、動物園でゴリラを見ているうちに、チンパンジーとかほかの類人猿にはない〝高貴なもの〟を感じたんですよ。**ゴリラはほかの類人猿だけでなく、人間をも超えているという感じがする**んです、どうしても。それがなんなのかを理解したいという気持ちもありました。まずゴリラに向き合うことが、人間のもっていない何かを発見することにつながるんじゃないか。そう思って、ゴリラの調査を始めたんです。

――動物園のゴリラのどんなところに、高貴さや超越ぶりを感じたんですか？

山極　コミュニケーションのしかたですね。人間はとにかく打てば響くような会話をしますよね。すぐ相手に反応しないといけないような速さでコミュニケーションをしている。チンパンジーなんかはもっと速いです。でも、ゴリラは遅いんですね。それは、間が抜けて阿呆に見えるということでなく、その間がすごく巧妙に入り込んでくるんですよ。人間をハッとさせるような間が。

ゴリラを通じて自分の考えていること、あるいは人間の由来や過去の人間の姿をなんとかして描きだしたい。そういう思いが強かったですね。

人間を人間たらしめた食をめぐる4つの「革命」

――ゴリラなどとの比較から、人間について見えてきたこともあると思います。山極さんは、人間の本性とは、太古の昔からつくられてきた歴史的なもののはずという大きなテーゼを掲げていますが、ここでその霊長類と人間の分かれ目の話をしようと思います。人類と最も近いチンパンジーは、700万年前ごろに分かれたと考えられているそうですね。

山極　ええ。人間の遺伝子は2万2000ぐらいあるけれど、そのなかの1・2%ぐらいしかチンパンジーとは違わないんです。だから98%以上、われわれはチンパンジーなんですよ。ゴリラとも1・4%しか違いません。

でも、そのわずかな差のなかに、人間とチンパンジーやゴリラとを隔てる大きな違いが潜んでいるわけです。ヒトゲノムがすべて解読されたし、ゴリラもチンパンジーもゲノムが解読されているので、遺伝子の違いは完全にわかっています。けれども、その違う遺伝子がどのように表現型に作用しているのかはまだほとんど解明されていないんです。

――その後、700万年前以降に人間はいくつかの「食料革命」を経てきたと山極さんは述べています。まずひとつめに「食物の運搬」という革命があったということですが、これはどんな革命だったんですか?

山極　人間は食物の運搬をするようになったということです。食料をただ集めるだけでなく、その食料を持ち帰ることもしたということです。

霊長目すべてのなかでは稀有ですが、ヒトや類人猿は食物を分配します。ただし、ヒト以外は、その分配の行為は食物の存在する場所に限定されています。つまり食物の持ち運びはしないわけです。持ち運ぶ必要性がありませんからね。ゴリラもオランウータンもチンパンジーも、木に登ることができます。とくに熱帯雨林は食料が豊かで、かつ安全な場所だったわけです。危険を感じたら木に登ればいいし、夜は実際、木の上に登って休むんですね。だから、とりわけ食物を持ち運ぶような必要性がありませんでした。

一方、人間は森のなかから草原へと出てきたわけですが、草原に出るとなると周囲に木がないので、地上にいる大型肉食獣に襲われたとき逃げ場がありません。つまり**草原で暮らすこと**

にした人間は、食べているときはとても無防備になるので、安全な場所で食べる必要があるわけです。そこで、安全な場所まで食物を持ち運んで、そこで仲間といっしょに食べることの重要性が人間だけに出てきたのです。

この「食物の運搬」という食料革命の結果、チンパンジーとの共通祖先から分かれた人間としての最初の特徴とされている「直立二足歩行」が起きたのではないかと考えています。直立二足歩行という敏捷性にも劣る奇妙な歩行様式は、食物を持ち運んで仲間と食べるために生じたのであり、これによって人間はアフリカを出て新天地へと進出することもできたんじゃないかということです。

――当時の人間は、たとえばどんな食料を持ち運んだのですか？

山極　いちばん重要だったのは骨髄だと思います。骨髄の栄養価はすごく高いんですよ。骨髄はとても硬い骨の中に入っているから、ハイエナの顎と歯でさえも割って得ることができません。でも人間は骨を割って骨髄を得たと考えられます。２６０万年前のオルドワン式石器という石器が出てきていますが、骨髄の入った骨を割るために使ったのかもしれません。あるいは石器を使わずとも、石で叩くことによって骨は割れたでしょうから、人間はもっと前から骨髄を食料としていた可能性はあります。

それから、ハチの巣も持ち運んだ可能性があります。ゴリラもチンパンジーもハチミツを食べるんですが、ハチの巣を持ち運ぶことはしません。その場で棒を突っ込んでハチミツをなめとるとか、ハチの巣を壊して食べるとかはしますが、ハチの巣を持ち運ぶことまではしません。でも人間はそれをしたことでしょう。ハチミツの付いたハチの巣ごと持ち帰れば、相当なごちそうになるわけですから。

それと、フルーツの持ち運びも考えられますね。熟したフルーツが付いた枝を担いで仲間のもとに持ち帰れば、それも大量の食料になりますから。そうした、いくつかの持ち歩きした食料の候補があるんです。

――次の革命は「肉食革命」だと山極さんはおっしゃっている。いつから人間は肉を食べるようになったんですか？

山極　さっき言ったオルドワン式石器が出てきた260万年前あたりから肉食が増えてきました。この石器はただたんに大きな石を割って鋭利なところを利用する打製石器とよばれるタイプのものですが、骨にまだ残り付いている肉を削り取るのに使われたことが知られています。

その石器の出た場所から、骨にカットマークのある化石が出てくるんですよ。これはまちがいなく肉を食べた証拠です。

肉食をすることによって食べ物を採集・摂取する時間が減った分、余った時間を社会的な行動に充てることができるようになりました。また、余ったエネルギーは脳の進化や維持に回されたと考えています。

この頃は、肉食動物が食べた獲物の食べ残しの肉を削り取って食べるくらいで、自分で獲物を獲るような力はまだ人間にはなかったと思いますね。

――そして次に「調理革命」があったとしていますね。

山極　人間が最初に火を使ったのが180万年くらい前だといわれています。「ホモ・エレクトス」という化石から人類が火を使っていたという証拠が見つかっています。最初は、サバンナで生じる野火を利用するかたちで、肉をやわらかくしたと考えられます。

調理という点ではほかに、肉を切るという行為も始まりました。肉の塊はなかなか消化されないけれど、肉を切ることで肉の表面積は広くなり、胃に入ったとき消化が早く進みます。それに叩くこともしたと思います。肉の繊維がずたずたになって、やわらかくなりますから。

気をつけておきたいのは、「人間は肉食動物ではない」ということです。生の肉は食べられませんから。**肉を焼いたり切ったり叩いたりして調理することによって、人間は肉の利用範囲を格段に広げたん**ですね。嚙み切れなかった肉が嚙み切れるようになったわけです。それに肉に含まれている寄生虫や細菌などを火によって殺すことができます。だから衛生的にもなります。

食材を加工することで消化率を高くし、なおかつ衛生的であるという状況も整えることができた。これが「調理革命」です。

――最後に「農耕・牧畜」という革命ですね。

山極　これは、ずっと後に起きた革命です。

農耕は、とても長いプロセスを経て成立したものだと思っています。たとえば、狩猟採集民がフルーツを食べて、その種を一か所に捨てていたとします。すると、そこから美味しい実のなる木が芽生えてきたことでしょう。そうしたプロセスを、農耕の前段階と考えてもよいのかもしれません。

そして、狩猟採集の生活をしてきたなかで、彼らは定住場所を定めて狩猟採集に出かけるようになり、近くの樹木を管理して食料を得るようになり、だんだんと農業的なことが始まっていったんだと思います。

牧畜については、どうやって家畜が成立したのかはまだよくわかっていないんですが、じつは農耕よりずっと前にイヌが家畜化されていたとする話があるんです。最近の論文では、3万年前より過去の時点でイヌが家畜化されていたとする証拠が出てきたという話もあるんです。野生動物が人間の近くにやってきて、それを人間が友だちにした。狩猟に使ったり、あるいは人家を荒らしに来る野生動物を追い払うために雇ったりしたのかもしれません。

その後、イヌだけでなく、ほかの家畜も飼って人の手で繁殖させるようになり、人間が食べる肉の量を増やしたり、またお乳をたくさん飲むようになったわけです。

牧畜のなかでもとくに重要だったのは、家畜の力を農業に活かすようになったことです。それにより人間の生産能力が一気に高まったんですね。人間の手では耕せないような硬い土地を、家畜によって開墾できるようになりましたから。しかも、肉がたやすく手に入るようになって、動物性タンパクをより摂取しやすくなったので、健康にもなるし、力強くもなりました。「農耕と牧畜の革命」は、非常に重要なものを人間にもたらしたんだと思います。

――こうした「革命」を経て、人間はより人間らしくなっていったわけですね。

集団が大きくなるとともに「社会脳」が大きくなった

――脳が大きくなったことも人間の特徴だと思います。イギリスの人類学者ロビン・ダンバーは、「人間に限らず、霊長類の脳の発達は、集団規模と正比例する」と主張しているそうですが、これはどういうことですか？

山極　ロビン・ダンバーは、霊長類において高次の機能を司る大脳新皮質が脳に占める割合は、集団を構成する個体数の平均値が大きいほど高くなるということを発見したんです。

人間の脳の容積は1500ccあって、これはゴリラの脳の3倍もあるんですね。でも、どうしてこんなに大きくなったのか、その理由は謎のままだったんです。よく、人間は言語を使うようになり、環境にいろんな名前をつけて記憶するようになったから、500ccでは足りなくなり脳が大きくなったと説明されてきました。ところが、人間の歴史に言語が登場したのは、いくらさかのぼってもせいぜい7万年前。一方で、脳が大きくなりはじめたのは200万年も前なんです。いまの1500ccという大きさになったのは60万年前だから、**言葉を駆使したことが脳を大きくした理由であるという説は成り立たないことが確定してしまった**んです。

霊長類学者は困ってしまいました。そこで、研究者たちは人間以外の霊長類の脳の大きさの比較から、脳の大きさのちがいをもたらした理由を探そうとしたんです。たとえば、「フルーツを食べるサルは葉っぱを食べるサルよりも脳が大きいはず」という仮説がありました。なぜなら、フルーツはある季節だけ、しかも特定の場所で実るので、それを記憶しておかなければなりません。一方、葉っぱは一年中生い茂っているので、葉っぱを食べる霊長類は餌について記憶しておく必要はない。こうしたことから、フルーツを食べる霊長類と葉っぱを食べる霊長類の脳の大きさが比べられたんです。ところが、ちがいがまったくありませんでした。

ほかにも、「シロアリ塚から道具でシロアリをおびき寄せるチンパンジーは、見えないところにシロアリがいるという想像力を働かせる必要があるので脳が大きいだろう。同様に道具を使うオマキザルやカニクイザルも、目に見えないところの食物を探り当てるのだから脳が大きいだろう」という仮説が出て、脳の大きさが比べられました。ところが、これも、まったくちがいがなかったんです。

霊長類学者たちが試行錯誤するなかで、ダンバーが素晴らしい相関を発見したんです。それが、**集団の大きさとの相関性**だったんですね。

——集団規模と正比例すると。

集団が大きいということは、日々つき合う仲間の数が多いということを意味します。集団が大きいなかで生きる霊長類は、多くの仲間を識別してつき合っているわけです。「こいつはこういう態度をとるぞ。こいつはこういう性格だな」と。仲間の数が増える分、つき合い方を自分で開発しなければならないし、覚えておかなければならない。それに仲間の性質も読まなければならない。ということで、霊長類はまさに「社会脳」を大きくしていったんだとダンバーは結論づけました。彼はこの説を「**社会脳仮説**」と名付けています。人間も言葉をしゃべる前に脳が大きくなったのだとすれば、まさに社会脳としての脳を大きくさせて3倍に至ったんだと提唱したわけです。

ダンバーは化石人類の脳の大きさから、そのときの集団の平均規模を求めてみました。約400万年前から生息していたと考えられるアウストラロピテクスという化石人類の脳は、まだゴリラ並みであり、10人から30人くらいの小さな集団で暮らしていたといいます。その後、ホモ・ハビリスという化石人類の脳は600ccを超えて700ccぐらいまで大きくなると、40人から50人ぐらいの集団で暮らせるようになった、と。そしていまの1500ccになったときには、約150人になっているわけです。この150人という数は、現代の狩猟採集民であるピグミーやサン族などの平均的な村の規模にぴったり合うんです。つまり**現代に生きるわれわれ人間も、だいたい150人くらいで暮らすのが脳の大きさとしては合っている**という話なんですね。

——ダンバーの「社会脳仮説」はいまは定説となっているんですか？

山極　これ以外は、あまり考えられていません。

それで、ここからは私の説なんですが、**われわれ人間もコミュニケーションのタイプによって集団の規模を使い分けている**と私は考えています。ゴリラは平均集団規模は10頭、大きくても30頭ぐらいです。お互いの声の聞こえ合うところにずっといます。では、この「10人」ぐらいの規模が、われわれ人間の生活では何に匹敵するかというと、スポーツの1チームに当たると思うんです。サッカーだったら11人。ラグビーだったら15人。そのくらいが上限でしょう。これが、試合中に言葉をかわさなくても、目配せや声やしぐさで自分のやりたいことを知らせる、つまりチームワークのとれるせいぜいの数だということです。お互いの癖や行為を知り抜いているような間柄だからこそ、チームワークを保てるんですね。スポーツのチーム以外でいえば、家族もおなじです。毎日顔を合わせているから、後ろ姿を見るだけで相手の気分がわかる。だから、家族でまとまって行動することができるわけです。

ホモ・ハビリスが200万年前ごろ到達した「30人から50人」という集団規模は、私は学校の1学級の人数だと思っています。つまり先生がコントロールできる人数なんです。誰かが休めば「今日は誰々くんはお休みなんだ」と欠落感をもつことができる規模です。この「30人から50人」という規模も、自然に成立したものだと思います。この規模は、宗教における布教集団の平均的な規模でもあるし、企業における部署の平均的な人数でもあります。

では、脳の容積が1500ccになった時代の「150人」という規模はどんなものかというと、私が言っているのは「年賀状を書こうと思ったとき顔が思い浮かぶ人数」だということです。もちろん、会社の社長さんなんかは2000人や3000人に年賀状を出すかもしれませんが、「この人には出さなくては」と顔が浮かんでくる人は、だいたい150人が限度だと思うんです。顔が浮かんでくる人というのは、名前だけ知っている人でなく、過去に何かいっしょの体験を共有したような人です。あるいはなにか楽しい記憶を共有したり、悩みがあったときに相談できた人ですね。つまり、信頼できるような人といってもいい。そうした人たちを「社会資本」と言い換えてもよいと思います。**われわれは多くの人たちと付き合っているように思うけれど、じつは150人くらいの人しか本当は信頼していない**ということなんです。

私たちの脳は60万年前から大きくなることをやめてしまったんです。そして、人間は1500cc止まりの小さな脳容量でもやっていくがために言葉を編み出したんです。周囲のものに言葉で名前をつけるということは、記憶を外部に預けるということなんですよ。本に情報をぜんぶ入れておけば、人は記憶しておく必要はありません。これ以上、脳を大きくする必要はなくなったわけです。

いまわれわれのコミュニケーション技術は、情報を外部に預ける方向で進んでいます。言葉が発明されて以来それは始まったわけですが、いまだにそれが続いて、さらに広がろうとしているわけです。**情報を記憶せず、外部に預けている分、人間は脳をどんどん空っぽにしている**わけで、ひょっとするとこれからは脳が小さくなっていくかもしれません。

人間社会は急速に「サル社会化」している

――いま、山極さんは「人間社会は加速的に『サル社会化』している」ともおっしゃって警鐘を鳴らしています。これはどういう意味なんですか？

山極　共感覚を使わず、ルールに頼るようになることを、私は「サル社会化」あるいは「サル化」と呼んでいます。「サル」というのは、ゴリラなどの類人猿でなく、ニホンザルなどのサルのことを指しています。このサルたちには、高い共感力がありません。たとえば、母親にとって子どもは大切な存在だけれど、「わが子の能力は自分の能力より未熟である」ということがわからないんです。だから、肉食獣が迫ってきたとき、目の前に川があれば母親は川を泳いで逃げ切れるかもしれない。でも、子どもは泳げる能力がない。それにもかかわらず、母親は自分だけ川を渡ってしまうんですね。子どもだけ取り残されて食べられてしまいます。

共感力がない分、ではニホンザルなどのサルたちはどうやってお互いの関係を調整しているのかというと、「強い・弱い」を決めて、弱い者は強い者の前では自分のしたい行為を控えることにしたんです。つまり**「序列」というルールを設けて、争いを避けている**わけです。序列のルールがあるのは、限りある資源をなるべく分散して、けんかが起きないように共用して食べるためです。食べるときはみんなで離れあって、餌を競合しない。そして、休むときにはいっしょに休んで、お互い近くにいて危険を察知しあうようにする。そういうサルのルールがあるわけです。

これと逆のことをしてきたのが人間です。食べるときは集まって、休みはみんなで分散してとって、それぞれのプライバシーを守ってきたわけですから。集まって食べるということは資源が限られるから、けんかが起きやすいことにもなります。でも、そのとき不公平感があったとしても、近い将来それが補充されるという「信頼感」を保つことを人間はしてきたんです。状況に応じて、お互いのもっている資質や能力を斟酌しながら平和を保とうとした。それはルールではなく、新しい社会性と言えるものです。そこが、ニホンザルなどのサルと人間のちがうところだったはずです。

ところが、人間は、そうした新しい社会性をもって暮らすことがだんだん面倒くさくなってきたんですね。昔は、さっき言った社会資本である150人ぐらいの人と付き合っていればよかったわけですが、いまはもっとずっと多くの人と接しなければならなくなりましたから。だから、**人間はルールをつくり、そのルールに従うことでみんなが安心を得ようとする社会を築きはじめている**わけですよ。つまりは「人間のサル化」です。

――**「サル化」の例にはどんなことがありますか？**

山極　電車のなかでいちいち「自分の目の前で立っている人はどういう状況にあるんだろう」といったことを考えるのは面倒だから、優先席を設けてご老人や妊婦さんに座ってもらうようなルールをつくりましたよね。これは「サル化」のひとつです。

また、マンションの隣の部屋の住人がどんな人かわからなくても、平和に共存できるように住民どうしのルールをつくったりもしました。ルールがあるからまさか自分の安全を脅かすようなことを隣の住人はしないでしょう、ということで共存できる。そうした社会を人間はつくりはじめているんですよ。

でも、じつは**「サル化」された社会というのはすごく脆弱な砂上の楼閣**です。たとえば、大震災が起きて、何百人がいっしょに体育館に住まなければならなくなったとたんに精神的に病んでしまう人が多く出てくる。ルールに頼らなければ生きられなくなるというのが、世の中で起きていることではないかと思いますね。

──山極さんは、インターネットのようなものが、人間社会の「サル化」を促進していると も言われていますが、これはどういうことですか？

山極　人間は、いままでずっと身体的につながり合うことで信頼感を保ってきました。ところが、**いまは身体でなく脳でつながり合うことを始めている**わけです。それがインターネットなんですよ。遠くにいても、顔を知らなくても、情報だけでつながり合える。そして、そこにあたかも身体でつながり合ったような錯覚を得てしまうんです。

人間は視覚、聴覚、嗅覚、味覚、触覚という五感をもっていますよね。このうち他者と共有できるのは視覚と聴覚だけです。味覚も嗅覚も、自分が感じている風味が相手もおなじように感じていることを確かめることはできません。触覚も、触っている感覚と、触られている感覚はちがうわけで、決しておなじ感覚を共有することはできません。でも、その決して共有できない感覚をも利用して、われわれはどうにかして信頼関係をつくろうとしてきたわけです。

一方で、五感のうち視覚と聴覚だけは他者と共有することができるから、バーチャルなものになりやすいんです。視覚と聴覚は共有することができる。けれども、だまされやすい。インターネットはほとんど聴覚と視覚でおこなわれていますから、リアリティをもたらす装置であると同時にバーチャルに相手をだます装置にもなるんです。真実ではない画像が拡散されるし、オレオレ詐欺も起きる……。

われわれが本当に信頼できるのは、生身の身体を通して得られる感覚なんです。そういう社会を人間はつくってきました。ところが、いまは生身の身体を使わず、脳を使ってインターネットでバーチャルにつながる社会になっているわけですよね。それは、不安を増幅することになります。身体的につながっていない相手と大切な交渉をしなければならない。それで本当にいいんだろうか、ということですよね。

身体感覚が薄れていく。つまり、**信頼できる相手がどんどん減っていっている**わけです。安心をもたらしてくれるのは信頼できる人なんですよ。でもそういう人を、われわれは失いつつある。だから、安全な世の中になったとしても、安心な世の中にはならないんです。それが、いまわれわれの抱えている大きな課題だと思います。

――ＩＴ系の分野では、たとえば人工知能によるシンギュラリティを予測したレイ・カーツワイルは、ＩＴやＡＩといったものをいわば礼賛し、人間もどんどん機械と融合してテクノロジカルに進化していけばいいという意見を述べていますが、山極さんはどう思いますか？

山極　私は21世紀は、身体や身体が得る感覚が回復される世紀になってほしいと思います。

その目的のために情報を賢く使うということに反対はしません。たとえば、ある人がレストランで人と食事をしようとして、グーグルで美味しい料理を出すお店を探して、実際よい食事の時間を過ごせたとします。本来ならば共有できない味覚を通じて他者とわかり合いたかったんだと思うし、そのためにインターネットが役立ったのであれば、それはよいことだと思います。

それに、いま若い人たちは家や車をシェアをすることに積極的ですよね。自分一人で生きるのでなく、他者とともにモノゴトを分かち合いながら生きるという感覚を大事に思っているわけですよ。そうしたシェアのために、インターネットを賢く使うというのも、よいことだと思います。

ネットワーク社会には、よいところもあるわけで、そのよいところをうまく使っていくことが、21世紀に生きることだと思うんです。情報技術では身体感覚を得られないけれど、情報技術を上手く使って効率よく身体感覚を取り戻すことはできます。

人間はデータから脱出しなければならない

――60万年前に脳は大きくなるのを止めてしまったということですが、一方で現代社会はＩＴなどによりどんどん環境変化が起きています。これから人間はどうなっていくと思いますか？

山極　記憶の手段は本やインターネットなどの外部媒体に預けてしまいました。**人間に残っているのは考える力、あるいは応用する力です。**ちがうものどうしを結びつけて形にする力はまだ残っていて、それを発揮させるのがいまの人間のすべきことだと思います。

でも、人工知能が出てくると、考えたり応用したりすることも、人間は外部に預けてしまうかもしれない。「なにかほしい」と思ったとき、「あなたのほしいものはこれですよね」と言ってくれたら考えなくて済むから、ほいほいボタンを押してモノを買ってしまうでしょう。「あ、俺こんな本が読みたかったんだ」という感覚を得られるけれど、頭を使う必要はない。**考える力や応用する力までもがどんどん奪われていって、いったい人間はどうなってしまうのか**と思いますよね。その部分を私はいちばん心配しています。

――逆に考えることに頭を使えるんじゃないかということでもあるわけですよね。

山極　考える力というのは人間にしかありませんからね。私は人間に残された唯一の能力は、見えないものを見る力だと思っています。データにないものを考える力と言ってもいいです。

人工知能は膨大なデータを一瞬で解析することができるけれど、データがなくても行動することができるのが人間なんです。**私はその能力を「直観力」とよんでいますが、人間はこの力をもっと働かせるようにならないと、人間はデータに動かされる存在になってしまう**と思います。われわれはデータから脱出しなければならないんですよ。

松下幸之助さんは、新入社員に面接をしたとき「こいつは将来リーダーになる」と思える条件が三つあると言っていたそうです。ひとつめは、愛嬌があること。二つめは、運がよさそうに見えること。そして三つめが、背中で語れること。これらはすべてデータでなく、印象です。これはいまだに通用すると私は思います。直観力を大切にして、人間関係をつくっていくということを、これからは考えなければならないと思っています。

（了）

2017年9月27日収録

あとがき――人生と脳の〝希少性〟にあらがって

「人に会って、話を聞く」。これが僕の仕事の基本だ。自分が知らない領域、もしくは自分よりもっと深い領域や最新の領域を極めている人たちに会い、なるべく丁寧に話してもらい、それを「彼らの日本語」から「僕らの日本語」へ翻訳する。

時に、その翻訳作業をライターや作家の方に委ねる場合もあれば、自分でやる場合もある。またはその翻訳を、言語から言語にするのではなく、写真家やアーティスト、グラフィックデザイナーなどとともに視覚言語にする場合もあるし、クライアントからの話を言語化・イメージ化するだけでなく、マネタイズを伴ったプロジェクトにする場合もある。いずれにせよ、自分が知らない領域を極めている人の話を聞くのは、人生で最も楽しい行為のひとつであるし、そういう人々と出会えることとは、編集者の最大の役得でもある。

2016年9月から一年間続けたこの連続トークは、自分が最も話を聞きたい人に出ていただいたものなので、この上なく幸福な行為だった。出演いただき、収録に協力してくださった

11名に改めて感謝したい。

また、この本は対談者のみならず、多くの方の協力で成り立っている。

対談シリーズの企画は、2015年11月に二子玉川の蔦屋家電での『物欲なき世界』をテーマにしたトークを担当してくれた蔦屋家電の関根亜希子さん（当時）との会話から始まった。当初は二子玉川で開催する予定だったが、諸々の事情で代官山の蔦屋書店の方が開催しやすいということになり、カルチュア・コンビニエンス・クラブ土門泰人さんと谷口貴美代さん、代官山の蔦屋書店の湯澤洋介さんが引き継いでくれたことで実現した。なかでも代官山店の直接の担当となった湯澤さんの多大なる尽力なしには成し得なかったと思っている。ライブならではの思いがけない問題も多々あったので、それを乗り切ってくれた湯澤さんに深く感謝したい。

これを本にしてくれたディスカヴァー・トゥエンティワンの干場弓子社長と松石悠さんにも感謝。なかでも松石さんはほとんどの対談を手伝ってくれ、後半はキャスティングでも大いに助けられた。この本をまとめるにあたって、僕は大した作業をしていないが、この本が読みやすく、美しい仕上がりだと感じていただけるなら、その多くは彼の力によるものだ。

また原稿の構成では、坂雄史さんとライターの漆原次郎さんにも協力をいただいた。

ブックデザインは、僕の『はじめての編集』『物欲なき世界』と同様にグルーヴィジョンズにお世話になった。グルーヴィジョンズのモダンで機知に富んだデザインに包まれて本を出せることを毎回誇りに思う。

僕が代表を務めるグーテンベルクオーケストラのスタッフならびにアシスタントにも感謝を。ジョイス・ラム、ジェームズ・コリンズ、君島佳穂、スー・チン・ジョー、山崎栞奈、ドゥ・ホン・ハン、ジェシカ・ハワード、ジェシカ・カーン。多様な背景を持つ彼らの類まれなるリサーチ力と編集力がなければ、この対談シリーズもこの本もまったく実現できなかった。この本は、いつにも増して、彼らとの共同作業の賜物だ。

また妻のはるみの様々な支えがあってこそ、これら対談シリーズや本の作業が円滑に進められた。一番近くの一番手厳しい批評家でもあるはるみのコメントがとても励みになった。

そしてなにより代官山蔦屋書店の対談トークに足を運んでくれた観客の方々にも深く感謝を。何度も続けて来てくれた方もおり、そして的確な質問を投げかけてくれた観客の存在なしには、モチベーションとしてもとても成り立たなかっただろうと思う。この緊張感と期待感を一生忘れないし、忘れたくない。

この対談シリーズで多くの人と様々なトピックを十分に語り合ったような気がしたが、終わってみると、あの人ともっと語りたい、またはあの人から教えて欲しいと思うことが続々と出てくる。本当に自分は何も知らないし、知りたいことだらけだ。

もちろん、どんなにたくさん本を読み、どんなにたくさんの賢い人たちから話を聞いたところで、ひとりの脳の力には悲しいほど限界がある。ましてやＡＩの進化が語られている現在、生身の人間がＡＩに張り合うかのように情報をインプットすることは、ＩＢＭのワトソンに挑むチェスプレイヤーのように滑稽にすら思えるだろう。

しかし、有限な人生を生きる、有限な容積の脳を抱えた人間が、それでも少しでも賢くありたいと思う切なさに、知的に生きようとする姿勢の根源があるはずだ。経済学では、価値は希少性にあるとされる。氾濫する情報の洪水の中で、限りある時間と脳の価値をいかに最大化できるか。その優れた方法こそ、「これからの教養」と呼ぶのにふさわしいのではないか。

本書は、そのような時間と脳の〝希少性〟に少しでもあらがった結果だ。この愚かなあらがいを楽しんでいただければと思う。

２０１８年２月　菅付雅信

これからの教養　激変する世界を生き抜くための知の11講

発行日	2018年3月25日　第1刷
Author	東浩紀　伊東豊雄　池上高志　石川善樹 佐々木紀彦　原研哉　平野啓一郎　深澤直人 松井みどり　水野和夫　山極寿一（五十音順）
Organizer	菅付雅信
Book Designer	グルーヴィジョンズ
Publication	株式会社ディスカヴァー・トゥエンティワン 〒102-0093　東京都千代田区平河町2-16-1 平河町森タワー11F TEL　03-3237-8321（代表） FAX　03-3237-8323 http://www.d21.co.jp
Publisher	干場弓子
Editor	松石悠（編集協力：グーテンベルクオーケストラ、漆原次郎、坂雄史）
Marketing Group Staff	小田孝文　井筒浩　千葉潤子　飯田智樹　佐藤昌幸　谷口奈緒美　古矢薫 蛯原昇　安永智洋　鍋田匠伴　榊原僚　佐竹祐哉　廣内悠理　梅本翔太 田中姫菜　橋本莉奈　川島理　庄司知世　谷中卓
Productive Group Staff	藤田浩芳　千葉正幸　原典宏　林秀樹　三谷祐一　大山聡子　大竹朝子 堀部直人　林拓馬　塔下太朗　木下智尋　渡辺基志
E-Business Group Staff	松原史与志　中澤泰宏　西川なつか　伊東佑真　牧野類
Global & Public Relations Group Staff	郭迪　田中亜紀　杉田彰子　倉田華　李瑋玲　連苑如
Operations & Accounting Group Staff	山中麻吏　小関勝則　奥田千晶　小田木もも　池田望　福永友紀
Assistant Staff	俵敬子　町田加奈子　丸山香織　小林里美　井澤徳子　藤井多穂子 藤井かおり　葛目美枝子　伊藤香　常徳すみ　鈴木洋子　内山典子 石橋佐知子　伊藤由美　小川弘代　越野志絵良　小木曽礼丈　畑野衣見
Proofreader	株式会社鷗来堂
DTP	アーティザンカンパニー株式会社
Printing	中央精版印刷株式会社

ISBN978-4-7993-2241-3